本书是教育部人文社会科学重点研究基地重大项目
"中国广播电视新闻人才发展战略研究——以媒介融合为背景"的
（项目编号： 14JJD860006）

刘　昶　陈文沁 ◎ 著

ON
JOURNALISM
IN 当代中国记者群体
CONTEMPORARY
基于社会学的某种观照 CHINA
From A Sociological Perspective

中国广播影视出版社

图书在版编目（ＣＩＰ）数据

当代中国记者群体：基于社会学的某种观照 / 刘昶,
陈文沁著. -- 北京：中国广播影视出版社，2018.8
ISBN 978-7-5043-8094-4

Ⅰ．①当… Ⅱ．①刘… ②陈… Ⅲ．①记者－新闻工
作－研究－中国－现代 Ⅳ．①G214.2

中国版本图书馆CIP数据核字(2018)第017929号

当代中国记者群体——基于社会学的某种观照

刘　昶　陈文沁　著

责任编辑	杨　凡
封面设计	文人雅士
责任校对	谭　霞　龚　晨

出版发行	中国广播影视出版社
电　话	010－86093580　010－86093583
社　址	北京市西城区真武庙二条9号
邮　编	100045
网　址	www. crtp. com. cn
微　博	http：//weibo. com/crtp
电子信箱	crtp8@ sina. com

经　销	全国各地新华书店
印　刷	河北鑫兆源印刷有限公司

开　本	710毫米×1000毫米　1/16
字　数	193(千)字
印　张	12.75印张
版　次	2018年8月第1版　2018年8月第1次印刷

书　号	ISBN 978-7-5043-8094-4
定　价	32.00元

导　　言

在人类社会的发展进程中，记者的出现与记者职业的成形并不是同步演进的，二者之间存在着明显的时间差。

以"记者"一词为例，迄今为止，其中文的语义溯源一直备受我国新闻学界关心、争论，而尚未有明确定论，学者们见仁见智：有研究认为，"记者"见于中国古籍至迟出现在唐代，近代最早则见于19世纪末黄遵宪刊印的《日本国志》①；另有学者指出，"记"与"者"作为一个词，或出现于宋代的《朱子语类》②；还有观点表明，在中国社会脉络中，现代意义上的"记者"一词，最早见于1905年3月10日《申报》的《论今日各国对中国之大势》③。所幸的是，学界毕竟还是形成了较为趋同的见解，在许多学者看来，中文里的"记者"早在唐宋时期就已出现，不过词义与从事新闻实践者并无甚关联（仅为"故交"或"作记的人"之意）。而中文里现今意义上作为特指专事新闻采编工作的业者的"记者"一词，大约出现在19世纪晚期。

在国际新闻学界，人们认为英文中"Journalist"（"记者"）一词，脱胎于18世纪法语的"Journalisme"（"新闻业"或"新闻实践"）一词。④ 英文"Journalism"也源自法国，大致出现于1830年前后⑤。无论法文还是英文，

---

① 邓绍根：《新闻界关于"记者"一词的探源纷争——兼与李开军同志商榷》，《国际新闻界》，2007年第10期。

② 李开军：《"记者"一词在中国的出现和使用》，《国际新闻界》，2007年第1期。

③ 杨中兴：《"记者"称呼的由来》，《新闻爱好者》，2004年第1期。

④ "journalisme"一词首次出现在法文中，则是在1778年。

⑤ Barnhurst，K. Nerone，J.（2009）．Journalism History．In：Wahl-Jorgensen，K. & Hanitzsch，T.（Eds.）．*The handbook of journalism studies*．Routledge．

"记者"一词的词根其实均源自拉丁语的名词"dies"（意即"天"、"日"）及其形容词"diurnus"（意即"当天的"、"一天的"、"天天的"），因而，西文"记者"一词倒是比较清晰地表明了这一职业与时事的关系，同时亦契合了新闻的时效性，即"当天发生的"（of the day）。

但是，关于记者作为职业的诞生，中外学界至今似乎都未能界定确切的日期，中国新闻史学界比较公认的一种说法是，"记者作为一种职业是在欧洲威尼斯诞生的。16 世纪的威尼斯是欧洲的经济中心，各国商人、银行家以至达官贵人等纷纷来到这里，进行商务活动。他们迫切需要了解和掌握来自世界各地的消息。这样，有些人便投其所好，专门采集有关政治事务、物价行情、船只抵达起航等方面的消息，或手抄成单卷，或刊刻成册，然后公开出售。人们根据这种工作的特点，分别称他们为报告记者、手书新闻记者、报纸记者。这些专以采集和出卖新闻为生的人，就是世界上最早的职业记者。"①

本书作者以为，上述见解的依据或因 1556 年时，威尼斯政府首次刊行了抄新闻月刊《书面通告》（*Notizie scritte*）。这份新闻出版物的零售价为一个伽塞塔（gazetta）——威尼斯当时流通货币的一枚硬币，久而久之，伽塞塔演变成为"报刊"的代名词，沿用到现代，而今，世界各地依然有不少报章以（Gazetta、Gazette）为名②。

然而，尽管 16 世纪威尼斯的手抄新闻，的确在快速而高效地在意大利和欧洲各地传播政治、军事和经商等消息方面发挥了重要作用，但据此就认为记者职业诞生的见解并不太为欧洲新闻学界接受，原因大致有二：一是这些手抄新闻尽管每月出版，并具有报纸的某些轮廓及特点，但仍不属于真正意义上的报纸；二是尽管当时已有以采集、编写和出售新闻为生的记者，但尚未形成职业。

基于社会分工的理念，如同分工体系中的其他职业类别，记者成为职业需要满足三项特征：第一，必须以薪酬回报作为社会劳动的原始动因；第二，

---

① 未知：《记者的来历》，《新疆新闻界》，1985 年第 4 期。

② 例如，意大利发行量和阅读量双高的《米兰体育报》（*Gazetta dello Sport*）、英国的《媒体杂志》（*Press Gazette*）、加拿大的《蒙特利尔报》（*Montréal Gazette*）和中东地区历史最为悠久的《埃及公报》（*The Egyptian Gazette*）等。

必须具有一定的、同质的从事相同劳动的人数；第三，必须有一定形式的组织规范。

事实上，16 世纪威尼斯从事手抄新闻报道者，还不能完全符合社会分工对职业类别的描述，只能算作记者职业的雏形。

到了 17 世纪，欧洲一些国家开始出现了社会分工意义上的职业化记者。在法国，将 1631 年 5 月泰欧弗拉斯特·雷诺多（Théophraste Renaudot）创办《公报》（*LA GAZETTE*）作为法国记者职业诞生的日期。[①]

而今，欧美新闻学界比较一致的观点认为，现代意义上的记者职业的真正形成是在 19 世纪后半叶——这与 1893 年在伦敦举行的第一届国际新闻大会直接相关。1899 年，法国创办了第一所新闻学院，记者培养成为高等教育教学体系中具有自主地位的学科。

在记者职业的历史沿革过程中，新闻报道实践始终与政治和文学有着难以分离的勾连（这也是日后传媒成为保持政治论坛和文学表达介质双重特色的缘由），而且，各国社会对这一职业的评价亦曾不尽相同，甚或褒贬不一，例如，在英国，记者享有较高的历史地位，不少名作家（如狄更斯、萧伯纳等）当被人介绍为作家和记者双重身份时，会倍感荣耀。但在法国，早先的记者并无英国同行的好运，反而，一再被人诟病，一些著名的作家对记者的评价多为负面，例如，巴尔扎克曾忿忿地表示，记者职业是地狱、是万恶之渊，是无人能够干干净净走出来的地方。莫泊桑也将记者与政客视为一路人，认为他们都跪倒在金钱面前。经历了时间的洗礼，直到 19 世纪末，法国记者职业的社会地位才慢慢得以改善，逐渐受到舆论的尊重。又如美国，罗斯福总统曾将从事揭露性报道的记者称为 "Muckraker"（"扒粪者"）——只是到后来，这个词被用来形容 "调查记者"，词性才逐渐脱离贬义而转为正向[②]。至于 "无冕之王"（Uncrowned King）和 "第四等级"（Fourth Estate）等美誉，则是在记者职业发展到鼎盛时期的事情了。再如中国，当社会进入深刻转型的激荡时期后，原先曾经颇受尊重和仰慕的记者职业遭遇市场化大潮，

---

① Thomas Ferenczi（1993）. L'invention du journalisme en France，Plon，Paris.

② 中国亦然，《环球时报》2012 年 9 月 4 日刊发的社评《中国进入扒粪时代，方大国门必倒》即为一例。

尤其是资本话语的猛烈冲击，功利主义、拜金主义肆行，记者的社会声誉不断下滑，"防火防盗防记者"成为风行一时的社会流行语。上述这些无不反映了各国公众对记者职业认知上的差异与变化。

在全球传媒生态巨变的当下，记者职业面对日益严峻的政治、市场和技术的三重压力。探究其属性、实践及影响力是否移位，其主体性是否契合社会发展暨社会结构转型、社会关系变化，不仅可以考察现今中国记者职业新的价值取向，而且或还可以从中看出中国社会进步的轨迹。

需要说明的是，本书的写作完全基于相关研究分为两个阶段进行的设想（即第一阶段为中国广播电视记者研究，第二阶段为报刊、通讯社和网络记者研究），因此，本书中有关"中国记者"的术语界定，大致包括三重含义：

1. 本书论及的"记者"契合国际新闻业界的定义，涵盖新闻改写员、助理编辑、文字记者、摄影记者、广播记者、摄像记者、广电新闻剪辑师、编辑、编译、主编、总编等所有与新闻报道有关的媒体从业者。

2. 本书的研究对象特指供职于中国广播电视媒体的新闻从业者。

3. 专指中国内地的广电媒体新闻从业者，而不包括港澳台地区。

目　　录

第一部分　作为职业群体的中国记者

第三部分　中国记者行业的职业化

第一部分
作为职业群体的中国记者

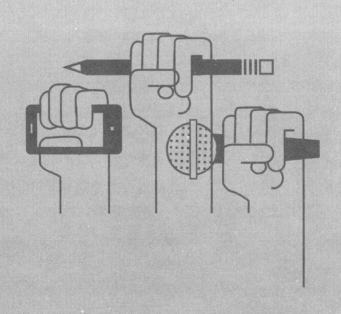

第一章 中国记者的社会分层

一如世界其他国家的同行，中国记者的职业化过程及其记者群体的角色定位和社会认知等，都随着媒介技术的演进、社会生态变革以及传媒行业内部分工细化等内外因素的影响而呈现新的特点与发展趋势。

社会群体的整体性变迁势必对其成员产生影响，而群体成员个体的重要变化自然也会作用于群体的特征描述。自 1978 年中国内地实行改革开放政策至今，新闻行业分工不断细化和深化。近年来，记者群体出现了年轻化、女性化等新的发展趋势，记者的教育背景亦呈现高学历与多学科的特点，在社会出身和个人生活层面也体现了不同于国外同行的属性。这些突出的变化已在某种程度上改写了中国记者职业群体的轮廓。

第一节 中国记者群体变迁及特征

社会的有序运行及其进步离不开不断细化和深化的社会分工，这在当今高度市场化的商品经济时代尤为明显。就社会学范畴的意义而言，社会分工的本质并不是简单的职责分类，也不是工种的简单划分和区隔，而在于生产过程的合作与竞争，关乎社会劳动的日益独立化和专门化，犹如当年托夫勒预言第三次浪潮的特征时所分析的那样。现今的社会分工每每超越单一的生产领域，与社会生产整体运行过程有机地结合在一起，其间自然而然地充斥着合作与竞争、博弈与妥协。

在某种程度上，现代的社会分工特征已从传统意义上简单而明显的产业定性（Sector Qualification）划分，转向了以生产技能为主的社会职能（Social Category）分类，媒体也不例外，新闻从业者的传统工种发生变化，生产分工和职责自然也随之改变。随着信息化知识社会的演进和更加专业化的新闻生产分工，作为社会整体结构组成的记者群体，既承担着新闻传播的社会职能，同时也在传媒行业内部，根据报道"采、写、编、评"的分门别类的生产活动需要，细化和整合为不同类型的工作岗位，从而构成记者群体有机的生存环境，并在宏观和微观向度完成社会分工。

日渐细化而深化的社会分工成为当今社会分层最重要的依据，而社会结构的稳定、社会生活的和谐以及社会秩序的良性发展，在某种程度上则得益于清晰的社会分层。因此，清晰地认识记者作为社会分层的群体特征，对于更好地了解记者发挥的社会功能具有积极的现实意义。

在传媒生态变迁的历史语境中，新闻行业的分工如今也发生了诸多改变，中国记者群体在年龄分布、性别结构等方面也都出现了新的特点。

1. 当今中国新闻行业分工

时下，人类社会正处于经济全球化和传播全球化的进程之中，信息与传播技术日新月异，信息种类繁多，媒介形式多样，个体与个体之间、个体与媒体之间、媒体与媒体之间的竞合博弈也愈演愈烈。记者作为一种职业，本身自然无法回避来自社会分工变化的影响，其新闻生产分工也随之细化，以求更好地归属立足，以便更明确地规划社会实践，完成包括消息的采编发布在内的新闻话语生产，同时，也以自己的职业贡献助力所属媒体更好地生存发展。

言及社会分工的演化，就业人数变化常常被视作行业发展的晴雨表，从整体来看，近十年来，尽管中国（内地）广播电视媒体的从业人数增长速度已经逐渐放缓，但广播电视媒体从业者的总数却一直处于上升状态，这似乎标示着广电媒体良好的健康状况（如图1-1所示）。

相比之下，欧美国家传媒从业人员人数的变化则呈减少态势。例如，2000年至今，美国报纸专业新闻工作者人数下降了30%，若以更长的时间段来审视，早自1978年开始，美国报纸全职专业新闻工作者人数已逐渐下降到4万人以下。美国佐治亚大学对2012年美国新闻和大众传媒专业毕业生市场调查显示，新闻专业毕业生年度工资平均为3.2万美元（较前一年的3.1万

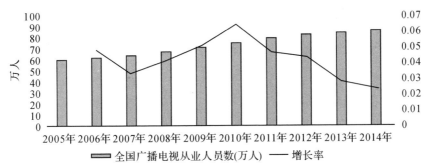

图1-1 近十年中国（内地）广播电视媒体从业人数变化（2005-2014）[①]

美元略有上升），但却比当年美国所有大学毕业生平均年薪低了1万多美元。因此，近年来，还出现了新闻和大众传媒专业很多毕业生寻求自由撰稿等工作以贴补生活的现象[②]。

1）金字塔型的现代组织结构

就目前我国广播电视媒体而言，记者群体的组成比较符合现代层级管理结构。《全国广播电视新闻人才现状调查》（2015年）[③] 提供的统计数据表明，无论从职位的分布或是从评定的职称来看，中国广电媒体新闻从业者的人员组织结构都呈金字塔型（图1-2），即相对于占比12%的领导层（台领导、部门领导、科室主任），记者、编辑、主持人、摄像等一线工作者占广电媒体新闻从业者总数的84.6%。具体的职位分布（图1-3）也印证了记者、编辑、摄像和主持人等是位于新闻话语生产一线的主体，而由科室主任、部主任、中心领导构成的管理中层，是连接主要一线新闻业者和决策层（台领导）的啮合关节，在其实际工作中，身兼生产者和管理者的双重身份，因此，虽然只占12%左右，但在传媒的日常运作中发挥着举足轻重的作用，其在新闻生产过程中具体的物理位置（即办公地点）直接关乎生产秩序的润畅与否，这也正是这一层级管理者重心下沉至编辑部成为媒体融合过程中创新点——以

---

① 数据来源：国家统计局网站，http：//data. stats. gov. cn/。

② 《英美记者收入地位持续下降 仍是提最难问题的人》，2013年11月8日，http：//news. 163. com/13/1108/08/9D55BE8C00014JB6. html。

③ 是为中国传媒大学新闻学院院长刘昶教授承担的教育部科研基地重大项目《中国广播电视新闻人才培养战略研究——以媒介融合为背景》的子课题，成果详见丁迈、缑赫、董光宇：《全国广播电视新闻从业者调查报告》，中国发展出版社，2016年。

"中央厨房"为特色的全媒体集成编辑部模式的优势之一的原因。

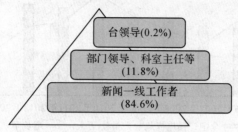

图1-2 中国广电新闻从业者群体的组成结构

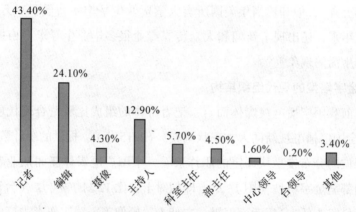

图1-3 中国广播电视媒体记者职位分布（总和=100%）

毋庸讳言，而今的媒体组织，无论中外，都始终存在着严格的新闻话语生产把关机制。在中国内地，报道的选题策划多由部门领导及主编专门负责。

基于学理层面的解读，良性的新闻生产把关制度不仅有利于新闻媒体更好地发挥其社会功能，保证正面的、积极的新闻话语的主导地位，而且还有利于改善社会公众舆论，促进社会的和谐发展。然而，过度的行政把关干预，也有可能助推记者心理上过度的自我审查（Self-censorship）意识，导致记者对于个人的政治和经济考量超越职业的历史使命感和社会责任感的现象，出现有闻不报、有情不查等有悖新闻职业伦理道德的情形，媒体的社会功能和公信力或因此削弱和降低。

与中国内地媒体组织金字塔型管理结构相对应的是，广电媒体记者群体中拥有高级职称的新闻从业人员仅占10.5%，而拥有中级和初级职称的从业人员占比67.9%（另有21.6%的记者尚未判定技术职称）（图1-4）。记者群体的职称的这种构成比例表明，当今中国内地记者群体中具有丰富职业经验的资深人士为数甚少，近九成的中国记者亟需提升职业涵养。

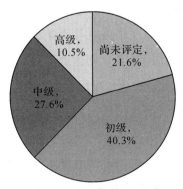

图1-4　中国广播电视媒体记者职称分布①

2）记者发稿工作不甚平衡

在新闻实践中，从决策层到实践层的"金字塔"结构还直接与生产分工发生关联与影响。事实上，中国广电媒体从事报道的选题策划、综合性报道和专门性主题报道（"跑口"）的记者分别占比为16.1%、47.4%和36.5%（图1-5）。

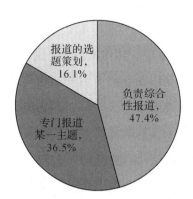

图1-5　中国广电记者不同采编工作分布比例②

---

① 丁迈、缑赫、董光宇：《全国广播电视新闻从业者调查报告》，中国发展出版社，2016年。
② 同①。

上述诸数据表征的新闻实践专业分工，基本契合了现时中国广播电视媒体新闻内容生产的现实情况。

然而，中国媒体及其记者群体的生产力发展不甚平衡，国家级广播电视媒体的记者发稿显现两极分化的特征：每周发稿量超过 16 条的记者为 11%，而不参与发稿的记者比例（即在相关问卷调查回答"您平均一周发多少条新闻稿"时，选答"此题不适用"者）则达到了总受访人数的 32.2%。与之相比较而言，无论是地级市台、省会台或是省台（直辖市台），不参与发稿工作或每周发稿 4-7 条的记者人数均位居前列，而省会台中不参与发稿工作的记者比例是各类广电媒体中最高的，逾三分之一强，竟达 35.8%（国家级媒体的此项比例也达到 32.5%）。[①] 在海外广电媒体中，此类现象殊为罕见。

3) 报道民生新闻的记者备受重视

再从新闻生产内容的题材分类来看，中国（内地）广电媒体中负责社会（民生）新闻报道的记者人数占比最多，为 26.3%；其次是时政新闻（17.2%）、经济/金融新闻（16.0%）；而负责报道体育新闻、国际新闻和军事新闻等的记者人数相对较少，合计不足 5%[②]。

新闻题材为一国新闻文化的一个重要面向。新闻话语生产过程中记者群体负责的题材比重，一方面契合了近年来中国（内地）媒体践行意识形态主管部门提出的"三贴近"（"贴近实际、贴近生活、贴近群众"）的新闻报道理念以及"走转改"（"走基层、转作风、改文风"）的努力方向，直接反映在广电新闻报道的选题策划以及新闻节目的架构与设计之中；另一方面，这也反映了我国广电新闻媒体的结构性特征，即从中央到地方、条块分割的局面。特别是因为地方性广电机构数量庞大，其中大部分并不具备充分的资源去生产大量的政经新闻，而往往以所在地需求为向导而使之内容更具地域特色，于是，以平民视角关注民众的民生新闻，便成为中国（内地）新闻话语生产的重要实践，既体现当今中外记者群体对于"接近性"（Proximity）这一极为重要的新闻价值的共识，还能规避新闻话语生产的政治风险。然而，民

---

① 丁迈、缑赫、董光宇：《全国广播电视新闻从业者调查报告》，中国发展出版社，2016 年。
② 同①。

生新闻虽说能够及时反映地方生活，提供本地信息，有利于地方身份的建构；但反过来观之，不少民生新闻具有较强娱乐性、趣味性、冲突性的新闻要素，而且多数地方广电媒体的报道内容和节目设计有较多重合，民生新闻也出现了同质化的趋势。

4）从媒体内部分工到职责扩张

其实，基于社会学的视域，无论社会分工，还是生产分工，其意义均在于增强集体意识和合作精神。如今，以集成分工与合作为本质的媒体融合，成为传媒生态深刻变革的趋势之一，全媒体式的新闻内容生产运作不仅会引发新闻生产方式的新变革，以适应新闻内容多平台传播的现实诉求，同时这也意味着新闻媒体内部职业分工的一次重新洗牌，这要求记者的社会实践从原有的分工朝向新的整合。

随此，众多传统媒体顺势而行，纷纷增设融媒体采编部门，搭建新闻内容的全媒体发布平台；欧美一些媒体通过建立"中央厨房"式的新闻集成生产模式，整合新闻搜索、报道策划和社会监督守望的功能，用模块带动采编制作，通过标题实现内容分发，融合传统媒介和新兴媒介，从而形成"集约采集、即时发布、多点传播"的当代新闻传播体系，在传媒议程设置环节上突出新闻生产的专职化和独立性。从这层意义出发，资深记者与新生代记者之间的比例失衡有可能直接制约高品质新闻报道（Quality Journalism）的产出，不过，媒体融合或有助于弥补中级/初级职称记者和尚无技术职称记者比例过高导致的不足，因为对于这部分为数众多的记者而言，经验欠缺固然是其短板，但相对年轻或较容易接受新生事物，反倒成为优化分工语境中个人完善的机遇和行业发展的红利。

新闻内容生产劳动分工的这一改变，无疑使得传统媒体在融媒语境中，寻得突围解困的新路径。传统媒体，尤其是国家主流的传统媒体，原本就在新闻报道的严谨性和权威性等方面有着高品质的内容优势，如今借助与新兴媒体的融合，吸纳不同媒介的技术所长，便能更好地拓展新闻发布渠道，优化新闻资源，提升媒体的传播效果，既为记者职位的多样化选择提供了灵活性，同时也为记者个体实现自身的价值拓展了更多的空间。

因此，传统媒体与新兴媒体的融合其实也是全新的传媒职业分工过程，其间，新闻生产方式的变革必然要求记者专业分工的再整合，尤其是在全新集成式新闻编辑部——"中央厨房"的模式驱动下，记者的行业分工不仅仅是新闻报道分工的细化与深化，同时还包括内容生产平台与新闻发布渠道的重新分工，以期在信息高度同质化的时代生产出高品质的独家新闻。

媒体融合对编辑部内部物理结构要求，与此类模式在各个媒体中的应用和扩张，对新闻的专业分工带来的影响可谓深远。在线性编辑的新闻生产流程中，各类工种之间的区别多少能够被辨识。而今，伴随着媒体的扩张，以及凭借技术实现的信息增长模式，新型的新闻分工模式不断出现。在2015年全国广播电视调查过程中，不乏新闻工作者在描述自身职位时，填选了"记者""编辑""主持"等多个选项，意味着新闻媒体内部个体对自身位置的认知，与传统的、权威认定的新闻分工类别以及社会学调查的认知分类之间发生了错位现象。

2. 中国记者群体呈现年轻化趋势

与欧美一些国家的情形相似，中国记者群体也逐渐开始年轻化。如果说，在1997年，中国传媒业29岁以下年龄段的记者所占比例为四分之一左右（24.6%），46岁以上记者群体占比仅为6.3%[1]，记者明显集中于30岁—45岁年龄段，那到了近二十年过后的2015年，"85后"（即1985年以后出生的）年轻人已成为中国一线新闻记者群体的主力军[2]——中国广播电视媒体记者的年龄分布总体呈现年轻化的态势：30岁以下的记者比例上升了8个百分点（至32.6%），而40岁及以下记者人数则占到总数的82%[3]。

就整个行业的发展而言，记者群体的年轻化趋势，一方面表明了这一行业活力的增加和职业的后继有人，另一方面，记者作为充满挑战和刺激的职业，也的确令人向往，年轻人在择业时投身新闻界，排除了社会强制性造成的个人被动接受因素之后，不乏个人主观能动选择，直接与行业准入、职业

---

① 喻国明：《中国新闻工作者的职业意识与职业道德》，《新闻记者》，1998年第3期。

② 美通社：《2016中国记者职业生存状态与工作习惯》，2016/1/26，http://www.prnasia.com/story/141491-1.shtml。

③ 丁迈、缑赫、董光宇：《全国广播电视新闻从业者调查报告》，中国发展出版社，2016年。

角色认知、个人价值实现以及社会化个体之间、个体与社会之间的互动作用等因素密切相关，更受包括记者的社会地位及社会声誉等在内的社会文化的影响。

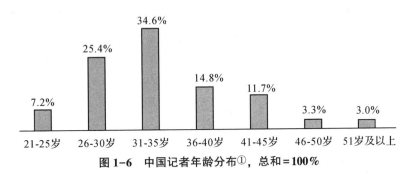

图1-6 中国记者年龄分布①，总和＝100%

除此之外，当前中国记者的平均新闻工龄（从业时间）为10.58年②，较之1997年时的12年③，有所降低（这一数理现实或多或少也从侧面印证了当今中国记者群体高级职称比例过低的原因）。然而，之于中国广播电视媒体，具有10年以上新闻工龄的记者比例达53.8%（图1-7），相比1997年的48.4%④，上升了5.4个百分点——意味着年资较低的中国记者比例的增加，反证了职业群体年轻化趋势。

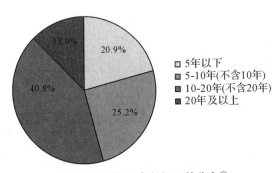

图1-7 中国记者新闻工龄分布⑤

---

① 丁迈、缑赫、董光宇：《全国广播电视新闻从业者调查报告》，中国发展出版社，2016年。
② 同①。
③ 喻国明：《中国新闻工作者的职业意识与职业道德》，《新闻记者》，1998年第3期。
④ 同③。
⑤ 丁迈、缑赫、董光宇：《全国广播电视新闻从业者调查报告》，中国发展出版社，2016年。

相比之下，大部分欧美国家（例如美国、德国、丹麦、芬兰、意大利、挪威等）的记者平均年龄大都在 40 岁以上①，普遍高于中国记者的平均年龄（33.9 岁②）。

事实上，中国记者群体年轻化的趋势早在十余年前已经出现。2002 年在上海进行的一项调查结果显示，电视台记者的平均年龄为 30.82 岁，电台记者的平均年龄为 34.15 岁③。来自 2010 年—2011 年的一项针对调查记者的问卷调查数据亦表明，在调查类新闻报道领域中也存在记者年轻化的趋势④。

1）新闻人才储备与个体求职意向

新闻从业者群体的年轻化，直观地反映了当今我国广电记者构成的一个面向。随着中国传媒业的长足进步、高等新闻教育的不断普及⑤以及各级广播电视媒体的多次重组，成就了劳动力市场上新闻记者岗位丰富的需求与供给关系。

扫描高校对新闻人才市场的输出就不难发现，高校新闻传播学专业的毕业生在择业时，每每将视线投向广播电视媒体和网络媒体。以新闻文化浓郁的中国传媒大学为例，2015 年，该校共有应届本科毕业生 2247 人，其中签约传媒类单位的毕业生共计 555 人（图 1-8），占到本科毕业生总数的四分之一（24.7%）⑥。毕业生就业的媒介类型值得关注：在签约传媒的毕业生中，面对

---

① Worlds of Journalism Study（2015）：Sociodemographic backgrounds, online from：http://www.worldsofjournalism.org/fileadmin/Data_tables_documentation/WJS_Sociodemographic_backgrounds_aggregated.pdf. Retrieved on 14/7/2016。

② 美通社：《2016 中国记者职业生存状态与工作习惯》，2016/1/26。

③ 陆晔、俞卫东：《社会转型过程中传媒人职业状况——上海新闻从业者调查报告之一》，《新闻记者》，2003 年 1 月。

④ 张志安、沈菲：《中国调查记者行业生态报告》，《现代传播》，2011 年第 10 期。

⑤ 在"文革"时期，中国内地新闻教育是重灾区，一度成为空白。直到 1977 年，全国高等院校恢复统一招生制度之时，北京大学、复旦大学、北京广播学院和广西大学的新闻系或新闻专业开始按新的方式招收学生。1983 年第一次新闻教育工作座谈会之后，全国出现了新闻教育的办学热潮。而在 1989 年的政治风波之后，不少院校又减少新闻专业学生，甚而停招。在 1999 年以后，新闻教育又出现了一个超常发展的高峰期（参见：吴廷俊：《问题与成绩同行：1978—2008 中国新闻教育发展研究》，《新闻大学》，2009 年第 2 期）。在 2015 年中期到 2016 年中期之间，我国高校总数在 2845—2875 之间波动。截至 2015 年年底，我国共有 681 所高校开设了新闻传播类相关专业，即约有 20% 的高校设有新闻传播类专业。（高校数量来自：中华人民共和国教育部：http://www.moe.edu.cn/srcsite/A03/moe_634/201606/t20160603_248263.html，2016 年 6 月 30 日。新闻传播类专业数量数据来自：《中国新闻传播教育年鉴》，武汉大学出版社，2016 年。

⑥ 数据来源：《中国传媒大学 2015 届毕业生就业质量报告》。需要注意的是，中国传媒大学是以信息传播教研为特色的高校，不少毕业生的择业取向会因此签约传媒。

不同媒介的就业选择，前往"广播电视"媒体的人数占比最大，约为35%，紧随其后的是"网络新媒体"，其比重也超过了所有媒介的四分之一。相较而言，选择供职"出版发行"类单位或企业组织的毕业生却不足1%。这种择业取向与中国不同媒介的记者平均年龄基本吻合。

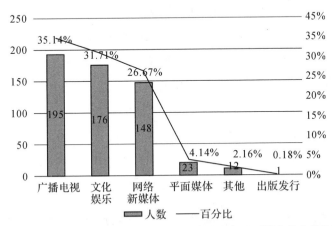

图 1-8　2015 年中国传媒大学应届本科毕业生在不同媒介就业的比重

显而易见，实现个体社会发展的最优化，是毕业生选择记者职业的初始动力。透过社会学的学理分析，记者的职业选择和自我角色建构完全是作为个体的从业者，在原始动因的基础上，通过学习和工作等经验积累逐步确立的。因此，高等新闻传播教育中，适当增加学界和业界人士的传媒就业指导很有必要。

2）媒体招聘的取向发生变化

此外，近年来，中国传媒从业人员的招聘偏好也发生了变化，媒体人力资源部门几乎都毫无例外地都划定了一条年龄标准线，即大都面向 35 岁以下的就业群体。①

至于不同媒介的记者平均年龄，中外新闻学界和业界人士均注意到，相对而言，新兴媒体的新闻从业者（主要是新闻编辑）的平均年龄普遍低于传统媒体记者；报刊记者的平均年龄通常较大，其次是电台记者，再其次是电视台记者，最年轻的是网络媒体的新闻从业者。在中国，网络新闻工作者的

---

① 曹鹏：《传媒人力资源管理观念亟待更新》，《新闻记者》，2005 年第 4 期。

平均年龄仅 29.1 岁，而且 30 岁以下的比例达到了 69.5%①。

不可否认的是，记者群体的年轻化趋势在意味着行业活力的同时，也表征了新闻职业实践中潜在的非正向因素。记者原本就是需要丰富的社会经验积累和正确的价值判断的职业，年轻记者在新闻报道实战经验上相对不足，对舆论引导的"时、度、效"把握能力或有欠功力，这是现今媒体发展的软肋之一。《2015 年全国广播电视新闻人才现状调查》显示，青年记者从不参与编务会的比例远远高于 36-45 岁的人群；21-35 岁的记者每周参加 5 次以上选题会的比例也相对较低②。较之年长记者而言，年轻记者在职业规划、工作安排、高品质新闻报道的生产等方面的经验积累，尚需时日。因此，记者群体的过度年轻化，未必有利于整个行业的健康发展，何况，现今中国广播电视记者中，只有三成的年轻人（21-30 岁）明确表示会将新闻作为终身职业（图 1-9）。

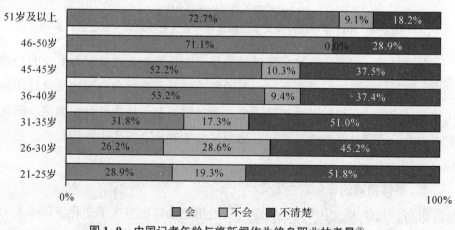

图 1-9　中国记者年龄与将新闻作为终身职业的考量③

为了消解新闻从业者日渐年轻化带来的不足，并适应融媒新技术的发展，国外同行成功经验的启发性在于，必须努力加强各种形式的新闻工作在职培训和经验交流。这种努力既有利于年轻记者个人新闻专业素质的提升，保证

①　周葆华、谢欣阳、寇志红：《网络新闻从业者的基本构成与工作状况——中国网络新闻从业者生存状况调查报告之一》，《新闻记者》，2014 年第 1 期。

②　丁迈、缑赫、董光宇：《全国广播电视新闻从业者调查报告》，中国发展出版社，2016 年。

③　同②。

记者群体的职业稳定性，也不失为避免新闻报道和舆论引导工作因经验不足而产生失误的重要举措。事实上，迄今为止，我国新闻传媒业系统性的在职培训还相当不足，究其原因，既有客观条件的制约，如新闻报道工作繁忙学习进修时间有限，亦有主观上的认知因素，如传媒领导层对于在职培训意义的认识和重视不够，尚未将新闻职业培训视作记者必须的终身教育需要而提到日常工作议程上来等，这也造成国内外传媒发展战略上的专业差距的原因。

"工欲善其事，必先利其器"，传媒竞争归根结底是人才竞争。要做好新时期的新闻舆论工作，因应传媒生态的变革和新闻职业分工的新常态，尤其是我国记者群体不断年轻化的趋势，健全常态化、常规化新闻记者的专业培训机制迫在眉睫。

3) 中国记者行业女性比例增高

除了中国记者群体的年轻化，中国新闻行业新变化的另一大特点是从业女性的比例持续增高，目前，中国广电媒体新闻从业者中，女性记者的比例已经超过半数，达50.9%[①]。

而在此前，1995年时全国女记者的比例仅为33%[②]；到了2003年，全国女性新闻工作者占比上升至40.9%；在2005年，中国某些地区的女记者比例已达43.8%[③]。尽管相关统计数据来源的取样地域范围及其所针对的媒体各不相同，但依据询问学界和业界的客观感受，当有理由相信，女性记者在当今中国新闻实践活动的参与强度不断提升已是不争的事实。

这一变化不仅与国际记者群体变迁的新趋势恰好一致，而且还明显地与国内外高校新闻传播专业女生比例的大幅提高十分吻合。

由于新闻行业内的职业属性和分工的差别，在媒体的不同部门，新闻从业者的性别差异相对比较明显。例如，在中国广播电视媒体中，从事记者与主持人岗位的女性与男性的比例大体相当，而从事编辑岗位的女性受访者

① 丁迈、缑赫、董光宇：《全国广播电视新闻从业者调查报告》，中国发展出版社，2016年。

② Chen. C., Zhu. J., Wu. W.（1998）. The Chinese journalist. In：Weaver（1998）. The Global Journalist：News People around the World. Cresskill, NJ：Hampton Press Inc., pp. 9-22.

③ 以上数据来自林芬的文献整理。参见：Lin, F.（2010）. A survey report on Chinese journalists Mn China. *The China Quarterly*, 202, 421-434。

（33%）甚至是男性（17%）的近两倍。然而，在媒体管理层，如科室主任、部门领导及台领导等职位上，女性的比例却大大低于男性[①]。

不同的数据统计进一步表明，尽管记者行业整体上女性占比提升，但在新闻职业分工不同的类型上仍有较大的差别，在一些劳动强度较高的新闻工种中，性别差异更是极为显著。例如，摄影记者中女性的比例便较低；再如，中国调查记者中女性比例亦相对偏低，仅占16%[②]；与之形成强烈反差的是，在网络媒体中，女性新闻工作者的比例高达59.5%。[③]

若想真正理解记者群体结构变化的社会性特征，尤其是记者职业女性比例提高的现象，有效的方法莫过于将之置于社会大背景之中来考察。记者职业离不开与他人的传通，而在这方面女性情感的细腻之于人际交往和对事务判断时的直觉等先天优势、女性社会意识的日益觉醒以及新闻报道工具的日益轻巧便携等，都可以被解释为中外记者群体中女性比例持续上升的主要缘由。

详细而言，从社会变迁的理论角度出发，随着社会观念的进步，女性接受更高层次的教育、参与职业竞争、实现自我价值的意识逐步强烈，而社会舆论对女性进步发展的看法，也由原来的抵触转为观望，继而转变为一定程度的支持和鼓励。如今，无论在家庭、职业层面还是于整个社会，女性求学、就业和晋升的空间更为宽阔，女性实现自我价值的机会也较以往为多。从社会整体的分工来看，很多原来男性主导甚至垄断的行业也逐渐出现了女性的身影。诸多杰出女性在政治、经济、文化、教育、艺术等领域取得了非凡的成就，女性领导力得以彰显，女性社会发展的"玻璃天花板"渐渐被打破。记者群体亦然，许多女记者在新闻工作中表现优异，丝毫不让须眉，得到了社会公众的认可与尊重。所有这一切无不激励女性记者继续努力。

此外，中国记者群体女性比例增长趋势还有一个断不可忽视的缘由，即当今高校新闻传播院系就读女生人数的大幅增多。得益于社会观念的进步以

---

① 丁迈、缑赫、董光宇：《全国广播电视新闻从业者调查报告》，中国发展出版社，2016年。
② 张志安、沈菲：《中国调查记者行业生态报告》，《现代传播》，2011年第10期。
③ 周葆华、谢欣阳、寇志红：《网络新闻从业者的基本构成与工作状况——中国网络新闻从业者生存状况调查报告之一》，《新闻记者》，2014年第1期。

及性别平等思想的不断普及，当代中国的大多数女性享有同男性一样接受高等新闻传播教育、深造濡化的机会。与海外类似，中国内地高校绝大多数的新闻传播院系都归属于人文和社会学科的范畴，学习新闻传播专业通常都要求学生思维敏感活跃、文笔优美流畅、综合知识面广——这些恰是较善于形象思维的女性更具突出优势的方面。因而，在某种程度上，在选择学科和专业时，报考新闻传播相关学科的女性会多于男性，这也是当前国内外高校各新闻传播院系中女生人数明显多于男生人数的实况（类似的情形还有中国高校的外语院系）。由此，在记者群体潜在人才的储备方面，女性数量自然多于男性。

再就新闻生产过程而言，女性也能凭借其独特优势而获得一定的从业优势。一方面，新闻采访工作在很大程度上依赖于人与人之间的交流。女性记者特有的亲和力和细腻的表达，如目光对视远不如男性犀利等，也都会在一定程度上减少或化解采访中遇到的交流障碍，保证采访得以顺利进行；另一方面，新闻写作需要敏捷的思维和顺畅的叙事，女记者独特的视角或许能发现与男性视角迥然不同的新闻解析，发掘出更深层次的新闻价值，生产出更具有人文情怀的新闻作品。

特别值得一提的是，中国广电记者群体中，愿意将记者作为终身职业的女性比例（41.8%）高于男性（34.6%）[1]，可能解释的原因或在于女性职业忠诚度更高。

不过，比较新闻工龄，男性记者工作10年以上的比例（49.5%）略高于女性记者（45.2%）[2]。

这种现象的形成是一个长期的过程，夹带着社会观念变化、政治变迁、社会变迁等诸多综合而复杂的因素。西欧一些国家的女性记者比例并未出现人数明显提升的现象，例如，2015年，比利时法语区的女性记者仅占所有新闻从业人士的21%[3]，尽管西欧国家性别平权的社会意识较之中国内地要更为

① 周葆华、谢欣阳、寇志红：《网络新闻从业者的基本构成与工作状况——中国网络新闻从业者生存状况调查报告之一》，《新闻记者》，2014年第1期。

② 丁迈、缑赫、董光宇：《全国广播电视新闻从业者调查报告》，中国发展出版社，2016年。

③ GMMP，Belgique（francophone）Projet mondial de monitorage des médias（GMMP）2015 Rapport national。

激进。

因此，考察我国女性记者比例的提升的确切原由，除了兼顾宏达的社会观念变迁和社会分工细化与深化等，或许还应结合定性与定量的研究方法，通过长期的调研数据，以求更为精准的释读。

第二节　中国记者的社会生成

记者群体的社会生成关乎个人及群体社会化的过程，记者本身的主体建构都会经历与不同社会关系的互动。个人在成为职业记者前后，这种互动都不间断地作用于记者角色的形塑。因而，观察中国记者的社会生成以及之后对社会的反作用，或许首先应以记者的个人社会化过程为起点，在家庭背景和教育背景两个维度展开，以期深入探究个人在成为记者之前，影响其价值判断形成、社会意识建构和社会资本利用等的重要因素。

1. 中国记者教育背景：新闻人才的培养

教育是个体社会化过程中至关重要的环节之一。个人在成为记者的过程中，所受的教育决定了记者日后的社会阶层属性及其与社会的特殊联系，因此具有十分显要的意义。

纵观中国高等教育的整体发展，自 1999 年中国高校扩大招生以来，之后连续六年扩招幅度都在 20% 以上。根据国家统计局提供的数据，2015 年中国普通本科、专科在校学生数达 2625.30 万，当年的毕业生数则达 680.89 万。[①]

随着我国高等教育的快速普及和专业学科培养的科学化发展，供职我国广播电视媒体新闻工作者的学历普遍提高，记者的学科背景变得更加丰富而多元。目前，我国广播电视记者的学历以本科为主，占比 76.8%，拥有硕士及以上学历的记者占比 16.9%[②]，合计为 93.7%（图 1-10）。较之 1997 年类

① 中华人民共和国教育部：http://www.moe.edu.cn/srcsite/A03/s180/moe_633/201607/t20160706_270976.html，2016 年 7 月 6 日。
② 丁迈、缑赫、董光宇：《全国广播电视新闻从业者调查报告》，中国发展出版社，2016 年。

似调查的统计结果——当时我国新闻工作者中拥有大学本科学历的人占53.3%，获硕士、博士学位或研究生班毕业的人仅占6.2%，合计为59.5%[1]，中国记者群体受过高等教育的比例有了极大的提升。

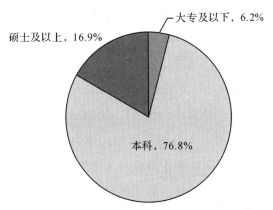

硕士及以上，16.9%
大专及以下，6.2%
本科，76.8%

图1-10 当今中国记者群体的教育背景构成[2]

即便和其他国家相比，中国记者群体拥有高学历的比例也为人瞩目。根据2015年一项针对全球新闻记者的调查统计结果，在66个受访国中，中国记者受过高等教育的比例位居各国之首。[3]

1）高校扩张与新闻教育

我国记者群体拥有高等教育背景的人数之多，一方面可以归因于中国高校的扩招：与中国传媒扩张的态势相符，在高校并轨扩招的过程中，新闻传播专业成为学子的热门选择。根据中国教育部新闻传播学类专业教学指导委员会提供的最新统计数据，2013年时中国内地高校新闻传播学类专业布点数为1080个，而到了2015年，新传专业布点数已经上升到了1244个，目前，中国内地高校新闻传播学专业的在校本科生约为23万人[4]（参见：《中国新闻教育年鉴》），这为我国新闻事业的人才输送提供了教育资源上的储备；另一

① 喻国明：《中国新闻工作者的职业意识与职业道德》，《新闻记者》，1998年第3期。
② 丁迈、缑赫、董光宇：《全国广播电视新闻从业者调查报告》，中国发展出版社，2016年。
③ Worlds of Journalism Study（2015）: Sociodemographic backgrounds. Online from: www.worldsofjournalism.org/fileadmin/Data_tables_documentation/WJS_Sociodemographic_backgrounds_aggregated.pdf. Retrieved on 14/7/2016.
④ 胡正荣、冷爽：《新闻传播学类学生就业现状及难点》，《新闻战线》，2016年6月。

方面，也与我国传媒界对于新闻人才录用的标准不无关系，例如，即便是地方级的广播电视媒体在招揽新闻人才时，也都极为倾向名校的毕业生，纷纷将目光聚焦"211"大学或"985"大学的新闻传播专业。

当然，中国记者群体的高学历率也似与我国高等教育的人才培养规划有关，一项专题研究表明，中国内地94.1%的高等新闻传播院系仍以传统的广播电视媒体培养人才为主，超过三分之一的院校为传播制作公司、新兴媒体培养人才。而在各高校人才培养的层次类型定位中，"应用型"定位的院校最多，占52.8%，其次是"高级专门人才"占33.3%。[①] 可见高校广播电视新闻专业人才培养教育仍然以专门的应用型人才为主，具有明确的行业导向。然而，不可否认的是，我国新闻传播业界与学界之间，的确也一直有着类似于"旋转门"的机制。迄今为止，除了中国传媒大学和浙江传媒学院等为数不多的以新闻传播学科为特色的教学科研机构，中国内地新闻专业大都设置在各类高校（尤其是综合类高校），新闻传播的理论教学比重明显高于实践课程，培养应用型人才的教学目标并未真正如期望一般地实现。

值得关注的一个现象是，尽管中国有接近半数（44%）的高校开设了新闻传播院系，但中国广电记者群体中具有新闻传播学专业教育背景的比例并不很高，仅略过半数，为51.6%（2015年）[②]——尽管这一数据同1997年时的30.6%[③]相比已有显著提升。而一个不容忽略的事实在于，中国内地某些综合类高校的新闻教育发展多多少少遭遇了瓶颈。早在2012年，有的高校新闻系本科毕业生从事新闻行业者的比例仅10%到20%；新闻传播学专业的研究生毕业后专业对口率则更低[④]。

对此现象可能的解释有二：一是在新闻传媒业对高端人才的刚需与传统的新闻传播学教育课程体系面临创新的急迫性二者之间，显然存在着一种落差，高校新闻传播专业为广播电视媒体储备和输送新闻人才的教学培养空间

---

① 彭爱萍：《中国内地广播电视新闻学专业教育现状调查报告》，《现代传播》2011年第4期。
② 丁迈、缑赫、董光宇：《全国广播电视新闻从业者调查报告》，中国发展出版社，2016年。
③ 同注②。
④ 转引自：成都全搜索：《梦想照不进现实？新闻系学生专业对口率不到两成》，http://news.chengdu.cn/content/2012-11/08/content_1083705.htm?node=1760，2016-5-3。

有待进一步优化；二是新闻传播类专业毕业生在择业时，除了媒体，仍有其他多元选项，根据 2011 年完成的一项调查报告，高校广播电视新闻学专业人才面向行业从多到少依次为广播电视媒体、企事业单位和党政机关、其他新闻宣传部门、传播制作公司、新媒体、教学与科研单位、纸媒等①。

在这方面，欧美新闻高等教育成功的有益经验或许可以带来一些启示：在欧洲，不少国家的新闻教育实行双轨制，即既有侧重理论教学的大学新闻传播院系，也有专门培养应用型新闻人才的高等记者学院，前者主要由高校教师负责教学任务，而后者则依靠业界资深专家担任实践指导，小班开课，培养新闻报道精英人才；而在美国，新闻院校的教学和科研团队大多由业界具有丰富从业经验的资深人士组成，全美新闻学科排名第一的哥伦比亚大学新闻学院规定，没有在采编一线做过 10~15 年以上职业记者、编辑的人，就没有资格走上新闻学讲坛。但无论是欧洲国家新闻教育的双轨制，还是美国新闻教育的实践性特色，欧美新闻教育具有的共同点在于，强调新闻实践教学的同时，也极为重视历史学、文学、国际政治学、法学、社会学、经济学和伦理学等课程，培养具有综合素养的新闻专业人才，在就业宽口上猛下功夫。

其实，中国新闻业界和学界的有识之士亦已觉悟，并身体力行，改革创新新闻教育模式。例如，新闻业界和学界的双栖精英白岩松于 2012 年创办了名为"东西联大"的新闻私塾，以"与其抱怨，不如改变；想要改变，开始行动"为座右铭，招收来自中国传媒大学、北京大学、清华大学、中国人民大学的研究生，小班传授新闻专业之道，在提升综合素养和思辨分析能力方面上发力。

随着传媒行业职业分工的不断深化，新闻实践的种类也渐趋细化，以记者的职业化、新闻采编的专业性和新闻价值追求的深度性、报道领域的垂直规范细分以及融媒体平台建构等为特点的新闻生产，日益成为趋势而备受青睐。

传媒业界的一些研究报告立即捕捉到融媒时代人才市场的最新变化，敏

---

① 彭爱萍：《中国内地广播电视新闻学专业教育现状调查报告》，《现代传播》，2011 年第 4 期。

锐地感觉到传统媒体日渐重视互联网类职位（技术、产品、运营），其整体招聘需求趋势在 2015 年呈现震荡增长；对采编类岗位需求量变小，其供需指数为 0.94，即求职者数量略高于实际需求。[①]

在此背景下，许多高校的新闻传播院系适时调整了学科布局和专业人才培养方案，在新闻学一级学科下增设了不同的专业方向，例如，中国传媒大学于 2014 年率先开办了数据新闻报道实验班，经过一年的有益探索和实践，于次年秋季，在 2015 年全国正式开设新闻学专业数据新闻报道方向，不仅在新闻人才培养创新方面迈出了坚实的一步，而且还占据了数字化媒体时代发展的国际学术前沿；又如，复旦大学新闻学院、中国人民大学新闻学院等先后开设了新闻与财经、新闻与国政、新闻与法律等跨学科的专业，努力培养新型人才。高校的这些教学革新反映了新闻传播学科机制化建设对全媒体型、专家型人才的时代需求做出的回应。

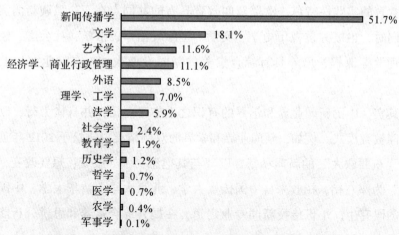

学科	百分比
新闻传播学	51.7%
文学	18.1%
艺术学	11.6%
经济学、商业行政管理	11.1%
外语	8.5%
理学、工学	7.0%
法学	5.9%
社会学	2.4%
教育学	1.9%
历史学	1.2%
哲学	0.7%
医学	0.7%
农学	0.4%
军事学	0.1%

图 1-11　中国记者教育背景的学科构成[②]，总和＝100%

2）新闻学历与多学科背景相结合

就现实而言，中国广播电视媒体记者的教育背景除高学历之外，还呈现出多学科的特征，记者所受高等教育的学科构成丰富多样，除了新闻传播学，还有文学（18.1%）、艺术学（11.5%）、经济学（11.1%）、外语（8.5%）

① 《传媒界 2016 招聘观察》，http://news.qq.com/original/dujiabianyi/xinzibaogao.html。
② 丁迈、缑赫、董光宇：《全国广播电视新闻从业人员调查报告》，中国发展出版社，2016 年。

等和理工学科（7.0%）的学科背景，其中，有更多的女性记者具有新闻传播学背景（p<0.05）和文学学科背景（p<0.005）；而在工科生中则以男性居多（p<0.005）；近两成的人有两种及两种以上的学科背景①。

基于全球传媒生态的深刻变革，新闻业吸纳多学科背景的人才，既回应了人类社会在传播全球化时代日益增长的信息与传通需要，也符合新闻内容专业生产的市场期待，有利于全面、深刻、透彻地反映和解析社会生活不同领域的变化，规避新闻内容的"扁平化"生产，帮助公众正确认知外部世界。

记者高等教育背景的高学历和多样化特征表明，新闻行业通过不断地再生产专业知识和扩充多元文化内涵，来复现记者职业同一结构，既确保新闻业的稳定运行，同时又回应社会转型和媒介生态变迁对新闻业的提出的新要求，持续吸纳新闻传播活动的新观念、新思维，使记者职业结构得以不断完善和创新。传媒业的这些新常态要求新闻传播人才培养的教学重点尽快从传统的新闻史论和新闻实务教学，调整到对新闻传播业务知识与多学科有机结合，培养既懂新闻传播、又掌握新兴媒介技术、兼具国际视野和专门知识的全媒体型、专家型人才。

2. 中国记者的社会出身：职业选择与家庭背景

在记者个人的社会化过程中，家庭作为社会机体一个极为重要的细胞，无疑发挥着基础的但却举足轻重的作用。

在一些既定的社会语境中，家庭既被视作维系最基本的社会关系的一种制度性单位结构，同时也被视作社会伦理基本规范的象征与形成的孕育之地，在稳定社会、均衡秩序和变迁制度的历史舞台上饰演着重要的角色。

家庭教育涵盖了包括亲情在内的特殊情感关系，是记者个人成长的起点。记者在社会化过程中，对人文、社会价值（如自由等）的最初体验首先来自家庭。在核心家庭或主干家庭的内部结构中，代际间的纵向关系和同代间的横向关系对记者个人社会化的完成，尤其是对记者认同的个人社会身份，都具有不可忽视的影响。

①　丁迈、缑赫、董光宇：《全国广播电视新闻从业者调查报告》，中国发展出版社，2016年。

在中国传统社会的框架中，家庭时常能主导、支配家庭成员的职业选择，传统的代际相传——"子承父业"的宗法伦理延续了上千年，在中国人的文化心理中根深蒂固。而在经济全球化和传播全球化的当今，中国传统的"家国同构"社会模式，受到了当代社会理念和现代家庭观念的冲击。代际间的社会阶层不再遵循传统乡土社会中的"社会继替"模式，而呈现为多元共存模式。较之往昔，记者个人的社会化日益仰赖于因社会转型和结构变动而产生的需求，家庭教育观和职业选择观也变得更加开放、更加自由，个人的择业志向和自身发展意愿，日益受到理解和尊重。然而，尽管家族、宗教、学校等传统社会化中介因素，已不再是记者个人社会化过程的主导，而退居到襄助、辅导和咨询的地位，但在大多数情况下，依然发挥着不可或缺的作用。

如今，我国广电媒体记者群体的家庭出身中（图1-12），来自新闻工作者家庭的记者并不算多，记者群体中只有6.4%的父亲和3.4%的母亲是从事新闻工作的，可见，在中国（内地），父母的职业构成对子女是否成为记者并无直接影响，至少，在记者行业中，职业的代际相传并不明显。

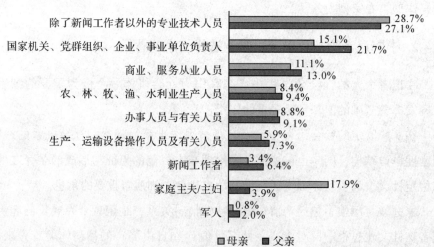

图1-12 中国（内地）记者父母职业分布①

值得注意的是，农、林、牧、渔、水利业家庭出身和生产、运输设备操

---

① 丁迈、缑赫、董光宇：《全国广播电视新闻从业者调查报告》，中国发展出版社，2016年。

作人员及有关人员家庭出身的记者比例相当低。而父母亲从事除新闻以外专业技术工作以及在国家机关、党群组织、企业、事业单位等工作的记者比例占据首位，相对应的比例分别为父亲（48.8%）和母亲（43.8%）；在中国，这些职业群体属于中等收入群体或偏高等收入群体。

简言之，中国记者群体的家庭出身与个人的职业选择之间并不存在必然的联系，但似有一定的相关性，上述研究结果显示了社会分工不同的阶层之间固有的差异性，如同在个人社会化过程中的影响，当代家庭的权威性虽然不如历史上曾经的地位，但对于个人择业心理毕竟仍然会产生隐性影响。例如，不同性别的记者的社会出身似乎存在着显著差异，特别是父亲的职业（p=0.000），女性记者父亲作为"国家机关、党群组织、企业事业单位负责人"的比例（26.8%）明显高于男性记者的比例（16.3%）；除此之外，父亲从事"非新闻工作的专业技术人员""新闻工作者""商业服务从业人员"的女性记者比例都略微大于男性。而父亲从事"农林牧副渔"的男性记者比例要明显高于女性（男性14.8%，女性4.3%）。而父亲在从事"办事人员与有关人员""生产运输设备操作人员""农林牧副渔生产人员"和家庭主夫的比例上，男性记者的比例也稍大于女性。从整体上来看，女性记者的父亲整体的职业来源更多地属于（需要少量体力的）文职工作，而且也暗示了更多的权力资本（如党政企业负责人）、社会资本和文化资本。

不管人们承认与否，在每个人的潜意识中，社会分层就像烙印一般难以磨灭。

3. 中国记者的婚姻状况：单身率高，离异率低

在市场化商品经济大潮的冲击下，中国社会正在经历重要的历史变迁和巨大而深刻的转型，独生子女政策的后续影响、农村人口的城镇迁徙、社会价值观的断裂和重塑等因素，令家庭观念出现淡化的趋势。作为家庭关系核心的婚姻关系，也产生不同程度的裂变。据中国民政部提供的数据，2003年以来，中国内地的离婚率已连续十余年呈递增状态①。

---

① 《民政部发布2014年社会服务发展统计公报》，http://www.mca.gov.cn/article/zwgk/mzyw/201506/20150600832371.shtml，2016-01-27。

所幸的是，中国记者群体的离婚现象似乎并不突出，记者离异的比例仅为2.7%。中国记者群体的婚姻状况相对稳定——已婚记者占68.4%；中国单身记者占比将近30%，其中21-30岁的单身记者占20%[①]（相比中国公民的平均结婚年龄，这或许意味着记者群体出现了晚婚的趋势）。在这一方面，有别于中国广播电视媒体的同行，供职于中国网络媒体的新闻工作者单身率高达49.6%[②]（对此，可能的解释或在于网络新闻工作者的平均年龄较低和工作强度较高）。

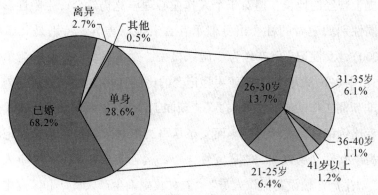

图1-13　中国（内地）记者婚姻状况统计[③]

随着社会生活方式的变迁，人们的择偶观和婚姻观与终身意义上的个人社会化过程直接勾连，其变化自然作用于对记者个人的社会生产活动。在新时代的中国，家庭，尤其是父母和长辈以往对下一辈的婚姻的影响力相对式微——至少在城镇是如此，希冀晚辈尽早成家立业的传统日益消解。包括记者在内的个体社会独立意识的增强，减弱了人们对家庭的依附。相对过去，个人在择偶上更具自主权，婚姻也更加取决于个人的意志。此外，社会经济因素对社会不同阶层婚恋观的影响亦在增大，并出现悖论式后果：一方面，女性可以凭借个人的职业收入争取到自己经济上的相对独立，在社会地位上亦无需完全依赖于男性。在广电媒体记者群体中，女性记者的单身比例

① 丁迈、缑赫、董光宇：《全国广播电视新闻从业者调查报告》，中国发展出版社，2016年。
② 周葆华、谢欣阳、寇志红：《网络新闻从业者的基本构成与工作状况——中国网络新闻从业者生存状况调查报告之一》，《新闻记者》，2014年第1期。
③ 丁迈、缑赫、董光宇：《全国广播电视新闻从业者调查报告》，中国发展出版社，2016年。

（30.1%）甚至超过了男性（26.4%）[1]；另一方面，原本可以因为女性的社会独立而在经济上或略感轻松的男性，反倒压力更大，因为当今中国的婚姻观念对物质生活的要求超过以往任何时候，而满足这一要求的重任往往都落在男性肩上。

中国社会生活的这些变化映射在记者群体，并直接或间接地影响记者的社会实践活动。相关的思考从现有的媒介与性别的研究中或可以找到一些结论性成果[2]。

新闻工作的性质决定了记者的个人生活，无法像其他职业如公务员那样有规律，这对已婚记者而言，是不利于家庭正常生活节奏的因素。这可能也是"新闻媒体人"在全国最不受欢迎伴侣职业中排名第五的原因[3]。国内有学者认为，"婚姻中的双方，只要有一方从事记者职业，解释家的概念就要简单得多，可以说，在记者紧张地采访、写稿期间，是无法顾及家的存在的，无法像正常人那样履行对家庭的责任。"[4] 这一不利因素在驻外记者群体中更为突出，由于工作的特殊性和各种主客观条件的局限，驻外记者未必都与家人生活在一起，夫妻感情和代际亲情因此受到影响，从而也使得职业风险上升。

国际著名媒体——美国一家报纸的资深编辑曾经这样调侃过，判定一个驻外记者能力高下的标准，就是看他（她）离婚的次数。这种言辞虽属幽默性质，但多少也道出了针对记者群体的婚姻状况与职业行为的相互影响而进行的社会学观照之意义。

而今，中国记者群体婚姻状况的相对稳定与家庭关系的和谐，不仅令记者在情感生活方面少有后顾之忧，而且还成为记者有可能保持良好工作状态的动力源。

---

[1] 丁迈、缑赫、董光宇：《全国广播电视新闻从业者调查报告》，中国发展出版社，2016年。

[2] 参见罗文辉、陈韬文：《变迁中的大陆、香港台湾新闻人员》，台湾巨流图书公司，2004年版。

[3] 《2013年职场婚恋观深度调查》，http：//www.hongniang.com/zt/2013zchlgdc/，2016-01-27。

[4] 杨春娟主编：《婚姻与职业的冲撞：特种职业者的婚姻家庭内幕》，黑龙江人民出版社，1993年版，第139页。

第三节　中国记者的闲暇生活

就职业性质而言，记者参与的社会实践活动，决定了其体力消耗和脑力消耗的强度较高及其闲暇时间安排上的自主性偏弱。

基于社会学的观点，闲暇生活的丰富多样意味着人和社会的富有程度，劳动时间的减少更是表征了人们生产力的解放和生活水准的提高。作为社会文明进步的标志，闲暇时间安排的合理与得当，有利于生产效率的改善，对于人生的走向更是意义非凡，一如爱因斯坦所言：人的差异在于业余时间。同理，职业时间之外可以由记者群体自由支配的业余时间，直接关乎记者个人的全面而充分的发展及其身心的进一步解放。

存在决定意识，记者的社会存在决定其思维方式和行为方式。新闻作为某种既定文化的构建，不可避免地受到新闻话语生产者社会背景和文化差异的影响。因而，记者在新闻生产以外的闲暇生活，不仅每每折射其生存状态和生活状态，而且也与其职业生活产生互动作用。随着社会转型和社会进步，包括阅读、学习、文娱、健身、社交和业余爱好等方面享受在内的闲暇生活，对于记者的职业实践，尤其是对于记者的新闻价值判断方面的影响日益重要，它在激发记者主观能动性的同时，还有助于记者创新意识的萌生和新型社会关系的建立。因此，认识和理解记者的闲暇生活有助于了解新闻从业者的职业文化的形成和变化。其实，换一个角度而言，记者个人的职业文化及其闲暇文化消费的需求、努力和机会，何尝不是整个新闻文化的重要内容。

1. 记者的文化消费行为

对记者而言，缓解工作压力、消除身心疲惫和获得愉悦享受的简单而有效方法，莫过于业余时间丰富的休闲活动——形式可大可小，大到外出旅行休假，中到参与社交活动、从事体育锻炼、外出聚餐、观看电影或文艺演出，小到工间茶歇、聊天、阅读等。因为，闲暇文化消费与社会心理因素相结合能够在调节记者个人的情绪方面发挥作用，以消解负面压力，提升正能量和幸福感，从而保持生理和心理的健康状态。

记者开展闲暇文化活动需要可支配的休闲时间。新闻生产中，不同的媒介类型、不同的媒体级别以及不同的新闻职业分工与所担任的职务，多少都会影响记者在工作和生活上的时间安排。例如，不同媒介的新闻生产各有特性，纸媒的记者群体受截稿时间所限，每天的工作流程较为规律，即使遇到突发事件，付梓印刷环节也不可能有大幅度的改变。又如，对不同级别的媒体而言，新闻报道覆盖面不尽相同，消息来源多元程度亦有差异，承受的时效性压力大小不一（尽管在数字技术环境中，这方面压力的差距或将缩小）。再如，在编辑部门或管理部门供职的新闻人因为每天需要坐班，工作节奏相对明晰，他们与奔走在采访一线的外勤记者的生活节律自然会有差异。因此，记者群体在闲暇时间选择的文化消费形式，完全可能是丰富多样的。但有一点或成共性，即较难避免与职业生活截然分离。

曾有相关调查发现，记者的休闲时间与方式非常有限，而且常常带有浓厚的职业色彩，主要的文化消费行为是上网、阅读、睡觉和运动[1]；而上网和阅读也往往与职业生活相关[2]。记者因工作需要，往往需要接触各类报刊和书籍。因此，这种阅读行为固然有愉悦的成分，但多少带有职业性——希冀借助阅读放松情绪，补充信息，拓展知识面，从而缓释工作压力，故未必能完全契合个体的阅读旨趣。研究成果显示，记者阅读的大多是一些流行书籍[3]，而且其平时的读书数量并不大，以广电媒体记者为例，接近三分之一的新闻从业者的读书频率保持在每月一本；有42.9%的记者每年的书籍阅读量在六本以下，近一成（8.5%）的记者承认没有时间读书。单就阅读这一文化消费行为来看，记者的职称越高、学历越高，读书的数量也越多；记者的阅读还与职业生活呈负相关：工作时间越长，读书频率越低；另外，男性记者群体的阅读习惯似乎有两极分化的趋势，一方面，每周阅读量达到2-3本的男性

---

① 李希光、孙静惟：《商业化阴影下的中国下一代记者》，《新闻记者》，2004年第11期。

② 《2007年记者节业内调查分析》，2008年1月7日，http://qnjz.dzwww.com/qybg/200801/t20080107_3145477.htm。

③ 《2007年记者节业内调查分析》，2008年1月7日，http://qnjz.dzwww.com/qybg/200801/t20080107_3145477.htm。

记者比例（6.7%）略高于女性（3.6%），但表示没有时间看书的男性记者（12.7%）又明显高于女性（4.4%）。①

近年来，记者的闲暇生活方式发生了一些变化，主要体现在文化消费形式的多样性方面。例如，除了"上网"（77.3%）、"读书看报看杂志"（55.0%）和"补觉"以外，网络记者群体中将"看电影、演出、比赛等"、"看电视"、"逛公园、旅游"作为休闲活动的人数比例，都在五成以上②。

与上网、看书、补充睡眠之类的休闲方式不同，观看电影、表演以及外出聚餐具有一定的社交性和陪伴式休闲的特色，带有某种增添社会资本的色彩，记者有望借助这些文化消费活动培养感情或建立友谊③。如今，外出聚餐、看电影是记者群体在闲暇生活中更为频繁的社交活动。半数以上（51.6%）的广电媒体记者每周外出聚餐1次；其次是每周聚餐2-3次的记者，占比35.9%；从不参加聚餐或频繁参加聚餐的记者是极少数分别仅占4.2%和1.9%（图1-14）④，另外值得注意的是，记者群体在闲暇聚餐方面存在一定的性别差异，其中，表示从不参与聚餐的男性记者比例（6.3%）要高于女性记者（2.2%），表示每周聚餐4-6次的男性比例（7.0%）又多于女性（5.5%）。

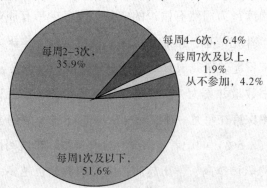

每周2-3次，35.9%

每周4-6次，6.4%
每周7次及以上，1.9%
从不参加，4.2%

每周1次及以下，51.6%

图1-14　中国（内地）记者外出聚餐的频率

① 丁迈、缑赫、董光宇：《全国广播电视新闻从业者调研报告》，中国发展出版社，2016年。
② 周葆华、陆余恬、寇志红：《网络新闻从业者的生活状况——中国网络新闻从业者生存状况调查报告之四》，《新闻记者》，2014年第4期。
③ Iso-Ahola., S. E., & Park, C. J.（1996）. Leisure-related social support and self-determination as buffers of stress-illness relationship. *Journal of Leisure Research*，28，169-187。
④ 丁迈、缑赫、董光宇：《全国广播电视新闻从业者调研报告》，中国发展出版社，2016年。

五成以上的记者有每个月去影院观看电影的文化消费习惯，观影频率在每月1-2次的记者占比38.0%；从不去看电影的记者只是极少数（2.5%）（见图1-15）。通常，中国记者每周工作时间越长，外出看电影的频率就越低；记者年龄越大，去看电影的次数也反而越少。此外，记者的文化消费消费行为、闲暇时间分配与其职称亦相关，职位越高，去看电影的频率就越低，而去观看文艺演出的次数则越多①。

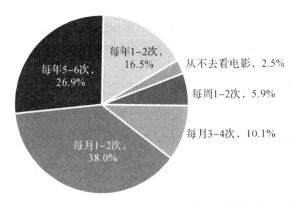

图1-15　中国（内地）记者外出观影的频次

与外出聚餐、观看电影相比，记者观看文艺演出的频率相对要低（图1-16）。超过四成的记者没有观看话剧、音乐剧、芭蕾舞、歌剧等演出的文化消费习惯，因为观看文艺演出，除了关乎有限的、可支配的闲暇时间的分配，还需要一定的个人兴趣和文化修养，消费成本亦相对较高。在现实中，记者观看演出的频率与其学历、职称、收入越高、所在媒体的媒体级别等成正比；而记者的年龄越大、每周工作时间越长，观看文艺演出的频次也越低。除此以外，女性记者在参加此类文化消费活动的频率上较之男性更为积极，例如，从不参加此类活动的男性记者的比例比女性高出十多个百分点，而女性记者表示平均两月一次和每月一次观看演出的比例相对较高。地域性因素也在影响记者的闲暇文化消费行为，因为"话剧、音乐剧、芭蕾舞"之类的演出资源毕竟更多地集中于大中型城市，所以，记者所在城市不同，观看文艺演出的机会自然也不同，频次随记者的地域性而变化。例如，北京地区超过七成

---

① 丁迈、缑赫、董光宇：《全国广播电视新闻从业者调研报告》，中国发展出版社，2016年。

的广电媒体记者每年至少观看一次"话剧、音乐剧、芭蕾舞",而其他地区的记者每年能有相同文化消费经验的记者少了近 20 个百分点。

图1-16 中国（内地）记者观看演出的频次

中国记者群体的闲暇文化消费方式涵盖了外向型休闲（通过社会关系，获得心理支持）和内向型休闲（变换生活内容，通过生理能量补充，平衡和保证记者良好的工作状态），与加拿大阿尔伯塔大学教授岩琦（Youshikata Iwasaki）和加拿大滑铁卢大学教授曼内尔（Roger C. Mannell）对休闲的认知相契合，正好对应了这两位专家提出的三类闲暇文化消费指向，即陪伴式休闲（Leisure Companionship）、权宜性休闲（Leisure Palliative Coping）和情绪调整型休闲（Leisure Mood Enhancement）[1]。

另外，考察中国记者群体职业以外的个人行为时，除了闲暇时间的分配和文化消费习惯，地域也是值得考虑的因素。北京、上海、广州这类内地一线城市往往汇聚了众多媒体，在这些城市工作的记者生活节奏相对较快，但闲暇生活也比其他城市的记者更为丰富，因而，这些城市的记者无论是陪伴式休闲、权益性休闲或是情绪调整型休闲的机会明显也更多。然而，与此同时，也有另一个公认的社会现象——北上广三个城市的晚婚率或不婚率也往往高于内地其他省市，记者群体也不例外。

2. 记者的亚健康与社会保障

近年来，中国一些知名记者或是著名媒体的一些新闻从业人员相继离世，

---

① Iwasaki, Y., & Mannell, R. C. (2000). Hierarchical dimensions of leisure stress coping. *Leisure Sciences*, 22 (3), 163—181。

尤其是突发性病故的事例接连发生，记者的健康状况日益受到社会各界的关注，在舆论场广泛引发了回响。"亚健康"、"过劳死"等语汇因而也集中出现在媒体从业人员身上①。

其实，"过劳死"虽然指的是"劳动者的正常工作规律和生活规律遭到破坏，体内疲劳蓄积并向过劳状态转移，导致血压升高、动脉硬化加剧，进而出现致命状态，"②但它并不是科学范畴的临床医学名词。而不可忽视的是，当今新闻生产的日益增高的工作强度和竞争压力，使得截稿时效要求以及新闻报道活动的密集度不断严苛，记者普遍感到身心俱疲，亚健康成为记者职业新常态，发生突发性致命事件的几率增大。在报道任务繁重的重大活动期间尤为明显，例如，在最近几届夏季国际奥运会上，平均每届都有 3.4-3.6 名媒体记者因过劳而离世③。一项针对中国内地记者群体的调查结果表明，上海 10 家新闻单位已故在职职工平均年龄仅为 45.7 岁（2000 年），而其中因患癌症而过世者比例则高达 72.7%④。

1）记者的亚健康问题凸显

过度劳累、饮食不规律、睡眠不足等已经成为影响中国记者健康的主因，肠胃疾患、肥胖、高血压等疾病则是记者群体中最为常见的问题，此外，记者已成为中国社会睡眠障碍高发人群⑤。

较之突发性致命事件，记者的亚健康状态也引起广泛关注。对中国媒体从业人员连续 5 年（2003-2008）的跟踪调查数据显示，记者群体亚健康检出率高达 97.5%⑥。此外，因为经常加班和缺乏体育锻炼，记者职业在中国十大健康透支行业中，位居第四⑦。不过，"健康透支"或是一种主观的感受指

---

① 《9 位媒体人 60 天内相继因病去世 原因多为"亚健康"》，2016 年 6 月 30 日，http://news.xinhuanet.com/politics/2016-06/30/c_129104731.htm。

② 张莹：《生命追问媒体人健康状况深度调查》，《法律与生活》，2011 年 7 月（上）。

③ 同②。

④ 未知：《"无冕之王"安然无恙乎？——上海市新闻从业人员健康状况抽样调查报告》，《新闻记者》，2000 年第 6 期。

⑤ 《中国睡眠指数调查报告》（结果显示，记者是中国睡眠最少的职业）、《2016 年中国媒体人健康问卷调查》，转引自《细数里约奥运治安及记者健康问题》，健康界（CN-healthcare.com），2016-8-11。

⑥ 转引自苏林森：《我国新闻从业者的职业压力研究》，《新闻大学》，2013 年第 1 期。

⑦ 张伟：《盘点十大健康透支行业专家：常加班少锻炼是主因》，2013 年 5 月 16 日，http://news.xinhuanet.com/local/2013-05/16/c_124718976.htm。

标。例如，网络新闻从业者对自己身体状况的评价均值仅为 2.95（5 级量表），排在家庭关系（3.90）、心理状况（3.19）之后①。又如，2015 年，北京地区青年记者在对自身健康状态的评价时，大约有四成认为自己"比较健康"或"非常健康"，有接近半数（47.7%）的记者认为自己"一般健康"，38.6%的记者对"身心状态感觉比较疲惫"，逾六成青年记者因此考虑转型②。这些数据都属于记者个体对自身健康的主观判断，因为，"健康透支"的实际后果可能需要更长的时间，在 10 年或 20 年才能显现出来。

超时的工作、紧张而缺乏规律的生活节奏、情绪的焦虑等还造成了记者群体生理疲劳和职业性疾患。中国内地记者群体中五成以上有颈椎、腰椎或后背疼痛的不适体征，其次为失眠多梦、白天困倦没精神、肠胃不适、抵抗力差等症状。逾半数记者出现记忆力下降、注意力不集中；三成以上有强迫、焦虑、情绪失控表现等症状③。台湾地区记者的情况也与之相类似，认为自己睡眠质量不好的台湾媒体人占比 28%，其中记者的比例最高，为 36%；媒体人的主要疾病是肌肉骨骼疾病（如背痛，占比 54.7%）和眼疾（如眼睛痒、痛、干涩占比 54.1%)④。

媒体人面临的健康问题十分严峻，令人担忧。究其原因，根源主要一方面在于劳动保护欠佳，另一方面则是因为个人闲暇生活质量不够理想——尤其是体育锻炼不足（35.5%的纸媒记者从不锻炼，而每周锻炼两次以上的记者还不到半数）⑤；而广电记者坚持每周健身的占比不足四成。41.8%的人的健身频率为每周一次或以下，有 19.3%的广电记者从不健身。

相关研究还揭示，健身频率与工作时长成反比、与月收入成正比，即工

① 周葆华、陆余恬、寇志红：《网络新闻从业者的生活状况——"中国网络新闻从业者生存状况调查报告"之四》，《新闻记者》，2014 年第 4 期。

② 刘星：《新闻出版行业青年：常加班、挣钱不多、超六成想转型》，《中国青年报》，2015 年 5 月 7 日，http://finance.people.com.cn/n/2015/0507/c1004-26960763.html。

③ 《逾九成媒体人健康状况堪忧 公众健康意识提升势在必行》，2014 年 9 月 3 日，http://news.xinhuanet.com/fortune/2014-09/03/c_126950107.htm。

④ 毛义方、徐雅媛：《新闻从业人员工作负荷及生理疲劳调查研究》，台湾：劳动部劳研所，2015 年。

⑤ 这是一项于 2014 年开展的报纸记者的调查（N=338）的结果所显示的数据，转引自赵云泽等：《记者职业地位的陨落："自我认同"的贬斥与"社会认同"的错位》，《国际新闻界》，2014 年 12 月。

作时长越长，健身频率越低；收入越高，体育锻炼次数就越多①，但从性别上来看，男性记者的每周工作时长总体多于女性记者：每周工作超过56小时以上的男性比例（24.4%）比女性（12.9%）高出近一倍，即便如此，女性记者的健身频次也并没有比男性记者更多②。另外，闲暇时间不足（媒体人从事的是每天工作时间最长的职业，平均每周加班超过两次③）、三餐不规律（70%以上的记者无法保证每天吃早餐④）、工作压力大而劳动节奏太快等因素，也是记者亚健康状态的一系列直接根源。

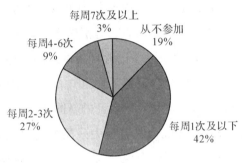

图1-17　中国记者健身频率⑤

2）记者的社会保障问题仍待重视

生活的重负和工作的高压对记者群体的健康状况带来的负能量也不能低估。目前，年龄在25-40岁之间的新闻从业人员是中国记者群体的生力军，这个年龄段的记者很多是中国大力推行计划生育政策后出生的独生子女。随着中国社会人口老龄化趋势日渐明显，这一年龄段的记者群体不仅要承受现实生存压力，其中许多记者还要面对"上有老、下有小"的重负，担当起建立自己小家庭和维系大家庭关系的责任，这无疑令其闲暇时间更为紧张，难以太多地顾及工作和家庭以外的休闲文化。例如，2013年的一项调查发现，记者群体（N=1245）日常收入的大部分都用在吃和住两方面，超过6成的记

① 丁迈、缑赫、董光宇：《全国广播电视新闻从业者调研报告》，中国发展出版社，2016年。
② 丁迈、缑赫、董光宇：《全国广播电视新闻从业者调查报告》，中国发展出版社，2016年。
③ 《细数里约奥运治安及记者健康问题》，健康界（CN-healthcare.com），2016-8-11。
④ 同③。
⑤ 丁迈、缑赫、董光宇：《全国广播电视新闻从业者调研报告》，中国发展出版社，2016年。

者将"房租或房贷"排在开销的第一位①。一位供职于纸媒的记者也证实，为了购置房产，有的同行每个月居然能拼命完成5-6篇调查性新闻报道②。

此外，还有一个不容忽视的原因，即中国（内地）社会保障体系不够完善也与记者群体健康状况堪忧有关。在《中华人民共和国劳动法》（2007年）与《中华人民共和国社会保险法》（2011年）出台之前，不少新闻从业者既没有基本的劳动保障，也没有医疗、社会保险：超过半数的记者没有与所在媒体签订聘用合同，也没有在供职的媒体办理的"三险"（失业保险、养老保险、医疗保险）③④。当时，记者一旦遭遇劳动争议，大多采取"忍气吞声"、"消极怠工"、"离职"、"放弃争议离职"等消极方式来应对⑤。近年来，在传媒界流行着"新闻民工"的说法——记者自我调侃的表述，本意是"体制外的新闻从业者"（相对于"体制内记者"而言），专指在媒体机构从事新闻生产，但却既没有户口，又没有职称及记者证的新闻从业人员。"新闻民工"属于媒体新闻生产的最底层，往往面临着极为残酷的竞争压力，其劳动权利也得不到应有的保障，而且一旦工作出现了闪失，就可能被媒体解雇⑥。

除此之外，因新闻生产中某些报道形式的特殊性而无法得到应有保障的记者（例如从事调查类新闻报道、战地新闻报道的记者），更是得承担巨大的风险，其身心压力或可能遭受的创伤自然会威胁到记者的健康。目前，针对记者职业行为特殊性而设的意外险种，仍然没有统一的标准，不同的保险企业的相关规定差异较大，有些保险企业甚或干脆拒绝为"战地记者"这种"特殊"的职业群体承保⑦。

---

① 赵云泽：《记者职业地位的陨落："自我认同"的贬斥与"社会认同"的错位》，《国际新闻界》，2014年第12期。

② 王晓：《一个南周记者眼中的十年收入与理想》，2013年1月11日，http://www.guancha.cn/WangXiao/2013_01_11_119590.shtml。

③ 张莹：《生命追问 媒体人健康状况深度调查》，《法律与生活》，2011年第13期。

④ 《媒体从业人员社会保障状况调查报告》，2003年7月2日，http://www.people.com.cn/GB/14677/21963/22065/1946924.html。

⑤ 同④。

⑥ 周翼虎：《抗争与入笼：中国新闻业的市场化悖论》，《新闻学研究》（台北）（100），229-230。

⑦ 《记者投保意外险有讲究》，2010年9月19日，http://finance.ifeng.com/money/insurance/hydt/20100919/2636670.shtml。

记者在新闻话语生产过程中承担繁重的工作，已是公认的事实，但这并不是记者职业独有的特点。记者的职业行为经受的诸多压力，如来自工作环境、社会角色、人际关系、健康状况及家庭生活等方面的压力，在其他各类职业中也都或多或少，或轻或重地存在。

平心而论，记者所处的传媒生态虽有一些不尽如人意的问题，但记者职业仍然吸引着众多具有强烈新闻热情和理想、自愿奉献的人依然前赴后继地投身其中。

3. 记者的互联网使用：闲暇消遣与意见表达

迅速普及的互联网在对社会生活产生重要影响的同时，也在改变记者群体的思维方式、工作习惯、文化消费和社会认知，相关研究发现，互联网的使用以及互联网依赖，在一定程度上诱发了记者的角色从宣传教化转变为社会守望。[①]

自20世纪80年代开始，中国社会曾经的以无休无止的各类运动为特点的政治传统逐渐消解，但是以阶级划分为特色的社会结构并未随即得以拨乱反正，现代社会的阶层概念迟迟未能登堂入室。

基于社会学的原理，"阶级"是侧重于将生产资料占有作为最主要的社会资源的概念，而"阶层"则以社会资源和社会机会的分配/配置方式为核心，例如，因所从事的智力生产活动的职业特质、相同的社会角色与地位以及近似的工作酬劳等而形成的记者群体。

事实上，当中国社会进入转型期以后，包括阶层划分在内的社会结构的改革已经自然而悄然地发生了。作为小康社会具象的中产阶层，在以其经济、政治和社会文化等地位进行界定的同时，还应对应其媒介权（接近权、使用权）。由此，在关于传媒与社会之关系的大致轮廓被勾勒的同时，归属中产阶层的记者群体在社会转型期的表现，尤其是其文化消费行为的媒介使用，就有可能成为相关学术研究的对象。

---

① 周裕琼：《互联网使用对中国记者角色认知的影响》，2006年中国传播学论坛论文。

1）网络媒介消费常态化

如同世界其他国家，中国社会的转型也具有独特的征象：交织着经济全球化、政治多极化进程的中国社会主义市场经济体制的确立及其改革的不断深入，与互联网进入中国并迅速发展和普及几乎同步。

自 1994 年 4 月 20 日中国正式进入互联网时代始，记者可以说最早"触网"的社会群体。如果说截至 1996 年年底，中国内地仅有 30 多家报纸在互联网上发行电子版以及少数广电媒体建立了自己的网站的话，那时至今日，全国 12133 家传统媒体（11878 家报刊①、2515 家广播电视台②）中，没有开设网站的媒体微乎其微，回避网络媒介消费的记者更是少之又少。

通常，传统媒体作为官方认可的新闻信息与文化内容的生产者、承载者、传播者，其下辖的记者因其职业便利而自然成为最早有机会接触、使用互联网的群体之一③。更何况，一些在当今数字时代又被重提的新闻生产理念——精确报道理念、视觉化报道理念等，当年早已体现在媒体人的实践中了。④

经过不长时间的发展，互联网给记者职业带来了巨大的变化。最为直观的是记者媒介消费行为的变化：在不到十年的时间里，记者群体尽管仍会用一定时间消费传统媒体，但浏览国内外网站、利用互联网进行新闻采编以及适应多媒体环境，在一定程度上都已经成为各类媒介记者日常工作的新常态（广播媒体的记者尤为如此）。⑤

当互联网进入中国 20 年时，记者群体从发现新闻线索，到查找背景，再到采访活动、核验事实和推广报道，网络数字技术已经基本渗透到新闻生产过程的各个环节。记者的互联网使用也带上了一定的职业色彩，例如，网络记者的互联网用途中，最多的消费是"浏览微信"、"浏览微博"、"转发、评

---

① 《中国新闻出版广电报》，2015 年 9 月 6 日。

② 《总局公布全国县级以上广播电视台数量》，中国播音主持网，2015 年 7 月 15 日。

③ 调查显示，有些记者从 1995 年开始就使用互联网。参见：周葆华、胡叶楠、寇志红：《网络新闻从业者的媒介使用：中国网络新闻从业者生存状况调查报告之三》，《新闻记者》，2014 年第 3 期。

④ 潘忠党：《大陆新闻改革过程中象征资源之替换形态》，《新闻学研究》（台北），1997 年，总第 54 期。

⑤ 陆晔、俞卫东：《传媒人的媒介接触和使用行为：2002 上海新闻从业者调查报告之六》，《新闻记者》，2003 年第 6 期。

论或发布微博"，随后是"网络购物"、"转发、评论或发布微信"及"收看（听）网络视（音）频"；而"浏览社区论坛"、"在网络论坛/社区发言或评论"和"网络游戏"等用途则相对较少①。传统媒体记者群体的网络消费理由与此基本相同：选择"获取新闻"、"检索信息"、"学习知识"作为"主要用途"的人占据的比例最高，继而是"网络视频"、"网络购物"和"使用社交网站"，至于网络使用的娱乐性消费目的，如收听"网络音乐"、玩"网络游戏"以及阅读"网络小说"等的占比则不太重要（图1-18）②。

网络的发展固然为新闻话语生产带来了新的机遇，大多数媒体也会鼓励记者积极使用社会化媒体进行表达和为公众服务，但中外也有一些媒体会对记者的微博使用做出严格限制。从另一角度来探讨，不少记者的微博具有一定的私人性，因此其职业角色扮演呈现出复杂而多元的特点。相关调查结果证实，全国新闻从业人员中将近九成的记者开通了微博，其中61.6%的记者每天还多次登录，然而，记者群体微博消费行为的目的多以阅读浏览和转发评论为主，发表原创内容的微博不足两成（18.2%）③。

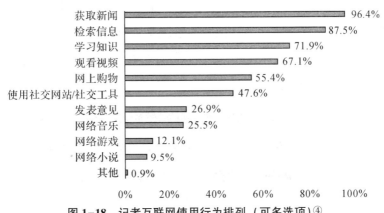

图1-18 记者互联网使用行为排列（可多选项）④

---

① 陆晔、俞卫东：《传媒人的媒介接触和使用行为：2002上海新闻从业者调查报告之六》，《新闻记者》，2003年第6期。

② 丁迈、缑赫、董光宇：《全国广播电视新闻从业者调研报告》，中国发展出版社，2016年。

③ 陈颂清、夏俊、柳成荫：《全国新闻从业人员现状分析：以"60后""70后""80后"的代际比较为视角》，《新闻大学》，2014年第4期。

④ 丁迈、缑赫、董光宇：《全国广播电视新闻从业者调研报告》，中国发展出版社，2016年。

从图 1-18 还可以看出，中国记者群体的各种互联网消费用途中，虽然作为闲暇消遣的"观看视频"的占比高达 67.1%，但是比"网络音乐"、"网络游戏"和"网络小说"等消遣性文娱用途更为重要的，竟然是"发表意见"。这一特点似乎表征了中国（内地）记者群体在互联网消费目的方面具有闲暇消遣和意见表达兼顾的双重意向。

2）记者上网的主要目的：获取新闻与信息检索

不难看出，获得新闻与搜索信息已是记者使用互联网的两个首要目的，这也暗示了互联网对这一职业带来的潜在影响，即大部分记者群体的互联网行为可能更加偏重接收，而非主动生成信息。

不可否认，信息检索也存在主动性的面向，而且，个体在获取信息的方式、对待不同信息的态度上也有许多差异。例如，中国记者对来自国外的信息，包括被内地屏蔽的信息似乎无甚兴趣，因为，在总体上，中国记者对国外社交媒体（社会化媒体）及翻墙软件的使用频率较低（图 1-19），相对更多的是国外新闻网站的使用。不过，国家级媒体的记者虽在"国外社交媒体"、"国外新闻网站"以及"翻墙软件"的使用上，与总体表现趋同，但仍都更高于其他级别媒体的记者。记者的学历背景与此类互联网消费行为成正比：硕士学历及以上的记者也比其他学历的记者相对更多地使用这些服务；而男性记者选择是用翻墙软件的比例略高于女性①。

图 1-19　中国（内地）记者使用国外新闻网站、社交软件、翻墙软件的频率

另外，此类媒体行为还存在多个面向，例如，有调查发现，记者为了推广自己的报道或查阅相关信息而"翻墙"的情况较少；尽管如此，中国商业

---

① 丁迈、缑赫、董光宇：《全国广播电视新闻从业者调研报告》，中国发展出版社，2016 年。

网站的新闻采编人员使用网络进行互动推广和"翻墙"的频率则较高,这又表明市场化与新闻从业者媒介行为之间的关系仍然有较多的研讨空间。①

若要获知中国记者与外国新闻场的互动或影响,或许还应该进一步展开后续的调研,获得更为长期的数据。

至于互联网究竟在当今的新闻生产中扮演着何种角色,具体的论述详见本书第四章的内容。

3)作为传播平台:记者个人意见表达

按理,记者群体在日常新闻生产的过程中,已经在一定程度上拥有了报道的自主性,个人的见解也有相当机会在职业平台进行表达,即记者对新闻内容的价值判断可以是隐藏于报道客观性之中的间接体现,更有可能是通过新闻评论等的直接呈现。被新闻生产把关者过滤或屏蔽的信息,多半是不符合供职媒体的编辑方针,并且多假以政治正确与经济利益的名义。例如,为了避免政治或商业风险,媒体在某些报道主题上会采取被动姿态,选择与话语权力形成某种配合和默契。记者群体同样也会在职业层面采取自我审查的方式,规避个人风险。

就在互联网平台上发表见解的情况来看,中国记者群体因性别不同、持有记者证与否或供职媒体的级别差异,行为方式也不尽相同。较之女性记者(21.2%),有更多的男性记者(32.3%)愿意在网上发表个人意见;相对于29.1%的持证记者在互联网上表达己见的情形,未持证记者的同比略低一成,为20.7%;而省会级媒体的记者选择在网上发表意见的比例为33.5%,但有此意愿的国家级媒体记者只有不到两成(19.7%)。另外,相比其他地区,江苏地区的记者群体中将意见表达作为互联网消费目的比例,十分突出,几近半数,高达48.1%②。

在供职主流媒体的记者群体中,绝大多数没有通过私人的网络账号发布被媒体屏蔽的敏感内容的意愿,只有13.6%的记者有意而为之(图1-20)。而这为数不多的记者中,有36.8%会选择"微信朋友圈"这一渠道,居所有

---

① 张志安、张京京、林功成:《新媒体环境下中国新闻从业者调查》,《当代传播》,2014年第3期。

② 同①。

自媒体平台之首，选用"QQ 或微信等平台"以 21.8% 的占比排在第二位，"微博"（17.8%）是记者的第三选择（图 1-21）。

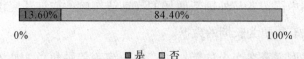

| 13.60% | 84.40% |
| 0% | 100% |

■是　□否

图 1-20　中国（内地）记者通过私人账号发布媒体无法报道内容之意愿①

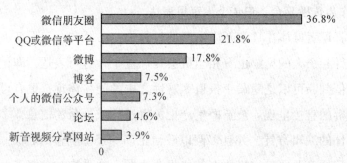

图 1-21　中国（内地）记者发布媒体无法报道内容的私人账号平台②

毋庸讳言，在信息与传播新技术不断普及的今天，公民社会的实践也极大地刺激了记者群体在公共空间表达个人政治见解的意愿，何况互联网为记者群体的这种表达，提供了新的、可能的平台。因此，当报道内容不便在所在媒体公开发表时，记者群体除了选择服从之外，也会有一部分记者通过互联网等平台自行发布。市场化媒体和社会化媒体对于社会性冲突和政治性冲突等敏感内容进行报道的可能性，明显高于主流媒体③，之所以如此，是因为市场化媒体和社会化媒体在竞争博弈中，为了商业利益最大化，不惜触碰底线而利用多种传播技巧，来直接或迂回地处理敏感信息，力求获得比传统媒体更大的叙事空间。

对此，供职于传统媒体，尤其是供职于广播电视这类传统电子媒体的记者在新闻生产过程中，受到媒介的技术特性和社会属性的双重制约，完全自

---

① 丁迈、缑赫、董光宇：《全国广播电视新闻从业者调研报告》，中国发展出版社，2016 年，作者二次分析结果。

② 同①。

③ 夏倩芳、王艳：《"风险规避"逻辑下的新闻报道常规——对国内媒体社会冲突性议题采编流程的分析》，《新闻与传播研究》，2012 年第 4 期。

主发挥的职业空间明显小于市场化媒体或社会化媒体，这是因为，一方面，由于广播电视媒介线性传播的特点，透彻分析新闻的功能有限，另一方面由于广播电视媒体广泛的地理覆盖范围以及特有的社会文化属性，所受到的政府规制也相对较严。

主流媒体的记者群体可以更为自主地进行意见表达的微博平台大致有三类：一类是完全代表媒体机构的官方账号；第二类属于媒体辖下部门或辖下生产单元的账号；第三类则属于记者个人开设的账号（这类账号还可以根据是否认证为所属媒体的工作人员而继续细分下去。对于已经认证了的记者账号，媒体组织对其所发布的信息也会有相应的管理要求，其中既包括在新闻生产方面的一些组织性要求，也包含职业伦理道德方面的考虑。因此，普通记者在微博上的能见度相对有限）。"在日常语境下，记者微博并未改变新闻生产者的话语权力结构，也没有产生与现有的新闻职业对抗的话语模式。"①

相关研究发现，在微博上较为活跃的记者大多来自市场化媒体，其微博行动具备互联网使用属性，作为闲暇时间的文化消费行为，既有记者"职业抗争"的意味，也能为记者带来成名的机会。② 事实上，善于利用网络来获取信息、借助网络翻墙来突破管制的新闻从业者，通常也更加重视对政府的舆论监督和对社会生活的影响。③

此外，记者个体与媒体组织之间的关系值得注意，市场化媒体和社会化媒体敢于挑战报道底线的做法，反过来也在刺激主流媒体及其记者群体。一些以调查性新闻报道著称的传统媒体，出于风险防范的考虑，也支持记者采用网络平台，发布相对于主流媒体而言较为敏感的内容，甚至还会与记者个体进行隐性的合作，这其实早已成为传媒圈内部一个可做而不可言的现象。

无论如何，互联网在增强国家社会生活信息透明度方面确实发挥了重要的作用，极大地推进了政治民主化的建设。但在探讨中国记者群体的闲暇文

---

① 王辰瑶：《日常语境下的记者微博研究》，《现代传播》，2013 年第 1 期。

② 卞清：《从"职业新闻人"到"在线行动者"：记者微博的中国场景》，《现代传播》，2013 年第 12 期。

③ 张志安、张京京、林功成：《新媒体环境下中国新闻从业者调查》，《当代传播》，2014 年第 3 期。

化消费时，有一个应该正视的现象不得不言及，即记者，尤其是已有一定知名度的记者，在公共空间进行政治表达时使用实名的问题，这或许是中国内地特殊的社会语境或记者的无意识使然，但毕竟关涉新闻职业伦理道德。记者的知名度通常是其职业实践的附加值，换言之，记者的实名与其职业身份紧密相关，亦即与其供职的媒体紧密相关，因此，记者的在从事与新闻生产相关的活动时，理应受到职业伦理道德的规范。记者在闲暇时间的文化消费时，愿意就自己感兴趣的话题发表议论，抒发己见，原本是无可厚非的，但有意使用实名，极易给人造成错觉，误将记者业余生活中的个人行为当作其职业行为、误将其个人意见当作媒体的立场，或就有了某种嫌疑——有违新闻职业伦理道德和滥用表达自由之嫌，久而久之，势必影响媒体和记者的公信力、影响力。而在国际新闻界，媒体的内部规定和职业规范都要求记者将职业性表达和个人性表达（即专业的新闻生产与个人在网络空间的意见发表）完全分开。因而，在非职业表达的范围内，记者一般都会使用笔名，以免误导公众。中国内地传媒若希望提升引导力和传播力，国外记者同行的经验或有可资借鉴之处。

第二章　中国记者的职业状态

如同社会各种分工，记者群体的职业状态描述离不开包括薪酬、劳动强度、自我效能感、社会地位等在内的职业满意度，以及来自不同维度的职业压力以及职业社会流动诸方面。这些情形既是记者作为一种社会性职业存在的重要面向，也是一种通过记者群体的个体层面来了解、分析新闻业作为当代社会中一种机构/机制性存在的途径。基于现今中国传媒社会版图仍处于扩张态势和体制剧烈变化的语境，本章尝试勾勒当代中国记者的职业生态，以考察记者职业的上述面向。

第一节　中国记者的职业满意度

记者的工作满意度每每是社会观照这一职业的参数，同时也是衡量媒体管理质量的一项指标，更是传媒业修订发展战略思路的重要依据。因此，了解和分析记者群体的职业满意度，对于认知记者的社会实践、媒体组织运营乃至整个传媒系统良性发展而言都具有重要的意义，2016年国际传播学会（ICA）发布的最新研究结果也证实了这一观点。

在学术研究层面，通过将记者的职业满意度划分为个体因素和环境因素两类，来测评记者判断工作满意度的影响因子[1]，不失为社会学一种有效的衡量方式。一些学术成果已证明，职业满意度与个体（以及组织层面的）工作表现之间或存在正相关关系。[2]

---

[1] Bakotic, D. （2016）. Relationship between job satisfaction and organizational performance, *Economic Research-Ekonomska Istraživanja*, 29：1, 118-130。

[2] 同[1]。

但基于如后考量：即使是从个体因素出发来测量记者的工作满意度，也断不能忽视与职业态度认知相关的一些其他条件。因而，在评估中国记者的工作满意度时，以工作回报与工作处境作为介入路径，从同事关系、主管领导的能力、职业的社会影响、所在媒体的品牌、职业的成就感、主观能动性、工作时间的弹性、进修培训机会、工作时间、报酬收入、福利待遇、升职空间等12个变量（图2-1）来进行审视，分析就会更加合理，并也有可能获得较为全面而真实的结论。

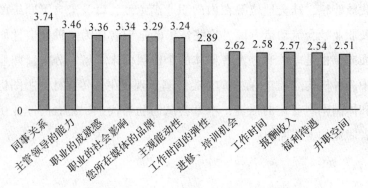

图2-1 中国（内地）广电记者职业满意度①

相关调查表明，中国记者群体在其职业活动中，对同事之间的人际关系、媒体主管领导的能力等方面的满意度较高，而对记者个体层面的劳动回馈的满意度较低。

尤其值得注意的是，通览5级量表中的全部12项变量，中国记者的职业满意度甚至没有一项达到4分，即都没有达到较为满意（更遑论满意）的程度。其中，记者群体对个人回报因素（包括工作时间的弹性、进修培训机会、报酬收入、福利待遇和升职空间等）的不满尤甚，无一达到中位数3分。

1. 职业提升空间有限

早在2002年，中国内地曾开展一项类似的调查研究，专门以上海地区广播电视媒体记者作为对象（图2-2）。当时，上海广播媒体记者满意度倒数第

① 丁迈、缑赫、董光宇：《全国广播电视新闻从业者调查报告》，中国发展出版社，2016年。

二的指标即为"提升机会";而之于电视媒体记者,"提升机会"在职业满意度名列倒数第四①。

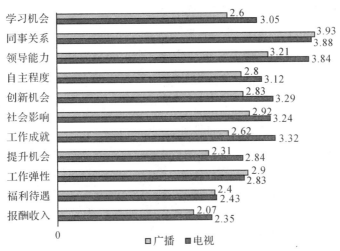

图 2-2 上海地区广播电视媒体记者的职业满意度(2002 年)(5 级量表)②

十余年过后,中国记者群体对这项"升职"指标的不满意程度并未改变,长期如此,这在 2015 年全国范围内的记者研究中再次得以印证。在图 2-1 所有 12 项职业满意度评估参数中,中国记者群体满意度最低的仍是"升职空间"一项,相关数据略略超过平均值(仅为 2.51)。

如今,媒体人力资源管理者大都明白,个体因素越来越多地成为制约当代社会生产效率提升的关键,而新闻生产者对于个人职业发展空间的诉求,在某种程度上已经与对个人劳动报酬的关注相提并论,在一定条件下还可能更有甚者。

记者对职业满意度的感受自然也涉及个体对职业发展前景的认知。根据新近研究数据提供的描述③,当下中国记者群体中对"升职空间"这项指标的满意度相对较高的主要是 21-25 岁年龄段的记者。显而易见,对于进入媒体组织工作不久的年轻记者而言,也许因为是甫出校门,满怀较高的新闻理想和对新闻工作的热情之缘故,即便遇到一些不尽如人意的职业问题,他们

① 陆晔、俞卫东:《传媒人的职业理想——2002 上海新闻从业者调查报告之二》,《新闻记者》,2003 年第 2 期。

② 丁迈、缑赫、董光宇:《全国广播电视新闻从业者调查报告》,中国发展出版社,2016 年。

③ 同②。

也不会太过计较，而对未来充满憧憬，对"升职空间"的期望值自然较高。

从总体上观，目前中国（内地）新闻职业工龄不足 5 年的记者对自己工作的整体满意度，亦高于工龄更长的记者群体。而 21-25 岁年龄段和 41-45 岁年龄段的记者群体分别位于职业整体满意度峰值的最高点和最低点。这种勾画说明初入记者职业的年轻人普遍希冀通过个人的努力和职业生态的改善，能在未来获得更好的发展空间。但二十年过后，如果职业境遇依旧，新闻理想褪色，对新闻的热情自然无法保持当初一般，对工作的满意度随之陡降至最低点便是可以理解的。因此，如同其他职业，要想让记者保持投身新闻职业的初心，仅靠其个人的觉悟和努力断然不够，体制上的保障因而也必不可少。媒体管理层若能注意到这一变量及其相应的期待，或可将之转化为工作激励的起点之一。

从传媒社会学的角度来审视，记者群体对于职业满意度的认知差异，除了年龄因素，还与供职媒体的不同级别有关：在省会级媒体，对"升职空间"表示不满意（包括"非常不满意"和"比较不满意"）的记者比例超过半数；相比之下，国家级媒体中对"升职空间"表示不满意的记者比例只有三分之一强（37.8%），而省级和直辖市级媒体记者为 44.8%，地级市级媒体记者为 45.7%。值得进一步开展研究的是，不同学历背景的中国记者在"升职空间"满意度方面的评价态度差异性较小，换言之，受教育程度的高低似乎并不影响记者群体向往职业发展的态度。

2. 职业培训机会有限

"培训/进修机会"也是记者职业满意度各项变量中，与"升职空间"联系较为密切的个人回报因素。虽然，记者群体对这一项指标的满意度均值略高于"升职空间"，不过，统计结果也不容乐观（均值仅为 2.62）。若根据不同级别媒体的来展开分析的话，就不难发现，供职省会级媒体和地级市媒体的记者对"培训/进修机会"不足表示不满意的比例更高，分别达到 51.7% 和 47.5%，省级和直辖市级媒体的记者则为 41.8%，而国家级媒体的相应比例最低，约为三分之一（33.5%）。而且，国家级媒体记者对"培训/进修机会"表示满意（包括比较满意和非常满意）的比例，也远远高出其他级别媒体的记者，达到 31.7%。这一统计数据无非表明两种可能性：一是在中国内地，国家级媒体的专业培训/进修机会远远多于其他级别的媒体；二是供职国家级媒体的记者群体的专业素养或普遍较高。

其实，在职记者的"培训/进修机会"首先取决于媒体管理者是否具有战略发展眼光。媒体高层若真正意识到并能理解终身教育事关可持续发展的意义，就会将员工的职业能力的提升当作重要而必不可少的管理环节；其次，制约记者有无培训/进修机会的因素，还有媒体的经济实力，即媒体在再生产投入方面的能力，这一因素直接决定了记者有可能参加职业培训或进修机会的次数与规模。

一些强势的广电媒体如今已建立起良好的记者培训机制，例如，中国南方一家省级广电媒体集团面向员工的完整的培训体系，将内部的培训分为面向年轻记者、面向管理中层、面向高管的培训以及出国进修等四个层次[1]。显然，这家省级广电集团的培训体系基本上可以覆盖集团内的各类新闻从业人员，尽管在培训或进修的主题和内容方面，记者或因级别、职称、年龄等的差异性，在课程安排上会有一些不同的侧重。

事实上，媒体组织内部不同职位（工种）的记者在面对作为记者职业满意度的"培训/进修机会"时的认知亦不尽相同，其中，记者表示"不满意"的比例达到了49.2%，编辑为43.6%，摄像为44.4%，表示"不满意"比例最高的是科室主任，达51.9%，唯有主持人的不满意度较低，为29.4%。这些数据表明，相比主持人对提升职业素养不甚强烈的意愿，媒体的业务骨干和一线管理人员对"培训/进修机会"的渴望一目了然，此类现象应当引起媒体管理层的警醒。

3. "新闻民工"或曰"奔跑的仓鼠"

在信息与传播新技术的时代，"照相机"、"摄像机"和"麦克风"之类的采访工具人手可得，加之公众对于参与新闻报道的热情空前，"人人都可以当记者"成为某种社会命题。然而，基于新闻社会学的视角，专业记者与业余"记者"的根本区别之一，在于前者作为供职媒体的专业人员，以报道为

---

[1] 《2015年全国广播电视新闻人才现状调查》课题组在浙江省进行的广电媒体高管深度访谈，2015年。

生计，用自己的新闻生产劳动换取酬劳和福利；而后者则多为网民（Netizen）或机民（Mobile Surfer），在社交媒体平台免费提供新闻，非但不直接获取报酬，有时甚至还自愿承担传播信息所需的相应技术费用。因此，薪酬及福利待遇的高低常常是同行和社会评价专业记者水平和地位的重要参照。

在中国内地，记者群体对个人目前的薪酬和福利待遇的满意度普遍较低，这其实折射了知识分子在整体上社会地位不高。21世纪初，中国媒体从业人员的社会保障情况极不理想，占总数43%的人没有任何劳动合同、没有确定的工资、没有工作证、没有记者证、也没有社会保障[1]。而在当时，上海的电视工作者和广播工作者对报酬的满意度均值分别只有2.35，广播为2.07（5级量表）[2]。十余年过去后，上述情况有所改善，但仍不乐观。当下的中国广电新闻从业人员中，将近40%的记者月收入低于5000元，记者群体中，月收入超过万元者还不到一成。由于这一职业酬劳普遍偏低而工作强度又相对较高，"新闻民工"成为中国记者群体流行一时的自嘲。

此外，记者群体薪酬和福利待遇的地区差别和工种差别等亦十分显著：一些经济较为发达的地区和省份（如北京市、江苏省）的广播电视媒体记者的收入情况较为乐观，而贵州、陕西、四川、福建以及黑龙江省等地区则均有半数以上的记者月收入不足5000元（这种地域间的差异还直接体现在媒体本身的经营收入上，东部发达地区的一家县级广播电视媒体的年收入，有时接近甚至超过西部地区一家省级广播电视媒体的年收入[3]）。由职业分工观之，外勤记者、编辑、主持人等一线新闻工作者收入普遍偏低，具体表征为高收入者比例不高；而记者群体中对报酬收入以及福利待遇最不满意的三个工种，也恰是外勤记者、编辑与摄像。

中国记者群体中供职于不同媒介的记者的收入也存在差异。2015年，传统媒体的记者与编辑的平均月薪都低于互联网媒体的相应职位，相比之下，网络媒体记者和编辑的平均月薪比传统媒体的记者和编辑的平均月薪分别高

---

[1] 孜骏：《媒体从业人员社会保障状况堪忧》，《新京报》，2004年11月15日。

[2] 陆晔、俞卫东：《传媒人的职业理想——2002上海新闻从业者调查报告之二》，《新闻记者》，2003年第2期。

[3] 朱虹：《朱虹在北京大学的演讲：中国广播影视业的改革与发展》，2006年11月4日，http://media.people.com.cn/GB/5009873.html。

出 2675 元和 2000 元左右（图 2-3）。

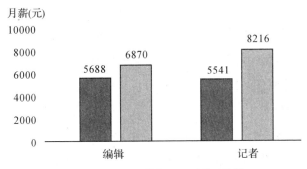

图 2-3 传统媒体与网络媒体新闻从业者职位平均月薪对比（2015 年）①

目前，在薪酬层面，传统主流媒体记者的收入不如网络媒体同行，尤其不如商业类网络媒体的同行（43.2% 的商业类网站新闻工作者的平均月薪在 6001-8000 元之间②）。但是，网媒记者的劳动合同多为企业聘用方式，这与事业体制内的记者在社会保障和福利方面所享有的待遇，还是有一定差距的。

中国广电记者群体中约有 11% 的成员在从事新闻工作的同时，还有兼职工作。不过，其兼职动机似乎并非单纯出于增加收入、改善生活条件，因为有兼职工作的记者中也不乏高收入者③。

社会劳动个体对其从事职业的满意度中，在个人回报的认知维度，除了酬劳，另一个考量是其为生产活动的付出。对于中国记者群体而言，这二者度存在严重的问题：一方面是媒体广告经营收入连年增长的同时，新闻生产者的薪酬并未同步提升，记者收入普遍偏低；另一方面则是记者群体的劳动保护状况堪忧，需知，将近 80% 的中国广播电视媒体记者每周工作时间超过 40 小时，而每周工作 56 小时以上的记者比例竟然高达 18.3%。摄像、外勤记者和部门领导三种职位中，有半数以上工作时长超过每周基准工作总天数 1-2 天④。

---

① 数据来源：《传媒界 2016 招聘观察》。

② 周葆华、陆余恬、寇志红：《网络新闻从业者的基本构成与工作状况——中国网络新闻从业者生存状况调查报告之一》，《新闻记者》，2014 年 1 月。

③ 丁迈、缑赫、董光宇：《全国广播电视新闻从业者调查报告》，中国发展出版社，2016 年。

④ 根据我国 2015 年修订的劳动法，以 40 小时（平均每周工作 5 天，每天 8 小时）为基准，40-48 小时代表每周超过基准工作时长 0-1 天，48-56 小时表示超过每周基准工作总天数 1-2 天，而 56 小时以上表示平均一周工作 7 天，平均每天工作超过 8 小时。

因此，中国记者群体对"工作时间"这一指标的满意度相对较低，便很容易理解。

在现阶段，工作时间超长的可能是记者职业最大的苦衷，何况超时工作还是一种常态，属于全球新闻从业者共享的一种经验。国外新闻学界指称，记者已经成为"奔跑的仓鼠"（这完全可以视作对记者工作疲于奔命状况的形象描述)①，加班更是记者群体的工作常态。2010 年在上海进行的一项记者调查结果还表明，58.4% 的受访记者每天工作 8~12 小时，有 15.1% 的记者每天工作 12 小时以上，但超过六成的记者从未领取过加班工资②。

其实，在一些劳动权益保障较好的发达国家里，记者的劳动时间都能得到法律层面的保障。例如法国新闻行业公会制订的《职业记者集体公约》明确规定，鉴于新闻生产实践在时间支配上的特殊性，记者每周的双休日可以不在周末，也可以两天分开，但媒体必须保证记者每周能够完整地休息两天。如遇记者因新闻内容生产而超时工作的情况，媒体还必须以补发加班工资和增加带薪休假天数等方式来进行补偿。

4. 记者的自我效能感偏低

平心而论，无论中外，记者群体都不属于社会的高薪阶层，与社会分工的其他行业相比，记者职业的薪酬都普遍低于相等学历背景、相似工作年资的同龄人。年轻人从进入新闻界的第一天开始就都明白，记者职业是指望发财者免进的行业。支撑记者群体职业理念主要在于对主观性回报——精神层面回报的期待。新闻工作的挑战性和刺激性、个人价值实现的成就感、记者职业的社会地位和影响力等理由，成为记者群体绝大部分成员面对传媒界的"离职潮"而风动心不动，坚守新闻职业理念的基石。

事实上，决定中国记者群体的职业满意程度的关键节点在于诸如同事关系、主管领导的能力和职业的成就感（在记者工作满意度相关调查中排名最为靠前的三项指标）等关乎工作环境和职业发展空间的因素；而与记者个人

① 《哥伦比亚新闻学评论》2010 年 10 月号，转引自：商建辉：《传媒商业化下的新闻民工的生成与行为》，《重庆工商大学学报》，2013 年 8 月。

② 周红丰：《上海地区记者生存状态调查》，《青年记者》，2010 年第 9 期。

相关的因素，如报酬收入、福利待遇和升职空间等，则是最为影响记者职业满意度的三项指标（在相关调查中排名最不满意之列）。换言之，媒体组织如果在记者的薪酬、福利和升职等方面采取改进措施的话，记者的工作满意度有望大为改观，新闻生产的效率也会显著提升。依循现代企业管理的先进理论及其成功实践的经验，对于调动、挖掘和激发记者的积极性、能动性和创新性而言，媒体组织满足记者的成就需求在激励机制中具有至关重要的意义。

较之记者从新闻生产活动中获得的客观性回报（例如薪酬、职称、福利等），中国记者群体对职业满意度较高的指标（5级量表）大都集中于职业的社会影响力（均值＝3.34）、职业的成就感（均值＝3.36）以及个人主观能动性（均值＝3.24）等，这些变量均属于新闻工作者自我效能感（Self-efficacy）的重要构成，直接关涉广播电视媒体记者作为当代社会重要行为体的自我认知理念，上述数据呈现的正向结果表明，在总体上，中国记者群体对职业行为和自我价值的实现持认同态度。

值得欣慰的是，中国（内地）近年出现的离职潮，尤其是记者群体薪酬和福利待遇上所遭遇的尴尬境遇，已为国家顶层所关注。中国最高领导人2016年春在论及新闻人才培养时，明确要求，对待记者要在"政治上充分信任、工作上大胆使用、生活上真诚关心、待遇上及时保障"[1]。如果各级媒体的管理层都能真正理解和落实顶层设计的精神，中国记者群体对新闻职业的满意度有望大幅提高。

第二节 中国记者职业的三重压力

全球传媒生态的急剧而深刻的变革，给中外记者群体带来的不仅是发展机遇，同时也带来了日益严峻的职业挑战和多重压力。

作为社会生产分工个体的记者，与作家相似，虽然二者都是以从事观念生产——"讲述故事"（Storytelling）为职业的知识分子，但记者的自主性则

---

[1] 《习近平在新闻舆论工作座谈会上的讲话》，2016年2月19日，北京。

逊于作家，这主要是因为作家不愿意写作的时候，可以罢笔，而记者则不能，即使在其不太想"讲述故事"的时候，仍必须完成日常的新闻报道工作——这完全是记者职业使然。在这层意义上而言，记者的精神自由度不如作家。

毋庸讳言，基于与意识形态的不可分割的关联性，传媒的日常运作、尤其是新闻话语生产自然而然地受到来自政治层面的影响和干预，"政治正确"这一概念在不同国家固然含义有别，但都多少仍是中外记者从事新闻职业活动必须恪守的底线之一。政治风云变幻越是无常，媒体就越需要把握报道尺度，因而，正常的采编业务把关与严苛的政治限制、行业自律与自我审查等的博弈，即可能随之愈演愈烈，记者遭受的压力亦水涨船高。

在经济全球化的进程中，媒体的市场化运作成为发展之道的同时，还似乎被视为新闻报道规避政治干预"保持独立性"的同义词。在资本强势进入、商品经济统领的语境中，媒体和记者的职业实践活动比以往任何时候都更在意新闻生产的经济效益，从报道的选题到新闻内容的产出，商业利益驱动成为当今中外媒体管理层恪守的另一条底线，即使记者有意抗拒，但也常常显得力不从心。

除此之外，日新月异的信息与传播新技术不断涌现以及媒体融合的发展趋势，迫使记者群体不断更新知识结构，从熟练掌握单一媒介的报道技巧，转向需要熟悉传统媒介和新兴媒介的各种叙事可能、转向需要从新闻选题开始就必须筹划全媒体报道方案，在这方面，资深记者面临的压力或比年轻记者要大，而其原先引以为豪的立身资本——经验性的无形知识（Know-how）——高品质新闻报道的基础似乎大幅贬值。

中外记者群体遭遇的来自政治、市场和技术层面的三重挑战由来已久，只是在全球传媒业态转型的当下，程度更加严重而已，其结果有可能也是促成中国传媒界专业人士的社会流动—离职潮的主要原因之一。例如，中国内地的 24 个省、市、自治区的广播电视媒体中，将近八成从业人员认为工作压力大（其中认为压力很大者占比 44%，认为压力较大者占 35%），只有微乎其微比例的广播电视媒体从业人员认为压力较小或很小（仅占 1%），若干年前的一项研究证实了这一现象①。

---

① 陆高峰：《广电从业者生态调查报告》，《传媒》，2010 年 7 月。

时至今日，通过相关问卷调查数据的梳理，媒体从业人员感到工作压力偏大的多种原因日见明晰，个中既有内因——来自记者群体个人的因素，如自身职业发展、薪酬、归属感、竞争等，亦不乏外因——来自职业环境的因素，如供职媒体的效益与前景、管理者的水平、新技术的挑战、考核机制、广告诉求等。在当今中国记者群体眼中，最大的职业压力是对"所在媒体的发展前景"的担忧、对"报酬和收入"的不满以及对"领导的做法和观念"的抵触①。值得注意的是，相关研究表明（图2-4），记者群体工作压力的所有变量都超过了平均值，也就是说中国记者群体日常的职业行为处于一种极不轻松的心理状态。

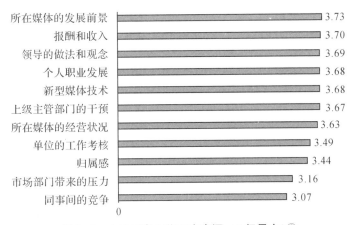

所在媒体的发展前景　3.73
报酬和收入　3.70
领导的做法和观念　3.69
个人职业发展　3.68
新型媒体技术　3.68
上级主管部门的干预　3.67
所在媒体的经营状况　3.63
单位的工作考核　3.49
归属感　3.44
市场部门带来的压力　3.16
同事间的竞争　3.07

图2-4　中国记者工作压力来源（5级量表）②

在新闻传播学界，有关中国新闻工作压力来源的研究已经有诸多成果，有的学者认为，新闻从业者建构专业主义话语有三种相互作用的力量，即"党对媒体的控制，市场对媒体的诱惑和支配，专业服务意识对媒体自主的压力"③，也有学者从权利、资本和媒介三种逻辑博弈的角度，探讨传播活动的多态景观。但学者们研究的注意力更多地聚焦新闻业复杂的内部运作，对媒

---

① 对"领导的做法和观念"的抵触与图2-1中的"对主管领导的能力"的肯定之间并不矛盾，实践能力强而观念落伍恰恰有可能是对记者造成更大压力的原因。

② 丁迈、缑赫、董光宇：《全国广播电视新闻从业者调查报告》，中国发展出版社，2016年。

③ 陆晔、潘忠党：《成名的想象：社会转型过程中新闻从业者的专业主义话语建构》，《新闻学研究》，2002年第4期。

体与社会等的外部联系、影响和意义的分析相对有限，已取得的一些研究成果大都集中于新闻行业的变化等（抑或如传播学的行政研究一般），主要为特定问题提供学理性支持。这一学术倾向在对于传播效果的追求，以及着眼于传播活动的组织、运作、应用甚而预测未来等研究方面尤为突出，而关乎传媒宏观层面的观照或传媒制度方面等的思考却显得有些不足。

对于中国记者群体面对的职场压力，本书作者有意尝试从政治、经济和技术等三个维度分别展开分析与论述。

1. 来自政治维度的压力

记者职业自诞生起就与政治有着千丝万缕的联系。国际新闻学界和业界对此一直十分关注而倍加思考，有两种学术研究观点颇具代表性，其中之一侧重研究政治对记者群体和传媒的操控，之二则重点考察包括记者群体新闻生产和传媒运作在内的传播活动对政治的反制，两种学理路径自然都各有千秋，但吸纳过关研究应避免将其极端化而忽视二者之间的联系和互动，否则会有失之偏颇的担忧。

诚然，从群体到个体，记者的新闻内容生产活动都会受到诸多政治性因素、特别是来自政治话语权力的影响和干预，这种情形无论中国还是外国，大抵都是如此，区别只是在于程度不同、方法各异而已。在所谓的"威权"国家，政治权力部门对于新闻传播和人们知情权的管控相对刚性，往往直接采取审查或命令式手段来控制信息流动；而在一些所谓的"民主"国家，对于新闻传播的管控策略则相对灵巧，常常通过暗示、传媒规制甚或公关活动等专业技巧，来达到影响、引导、限制媒体新闻报道的目的。

1）政治正确与新闻监督

现今中国（内地）的主流新闻媒体，一直被公认为是党和政府的喉舌，作为"党的一项重要工作"的新闻舆论工作，也被定义为"治国理政、定国安邦的大事"①。顶层明确提出，"要适应国内外形势发展，从党的工作全局出发把握定位，坚持党的领导，坚持正确政治方向，坚持以人民为中心的工

---

① 2016 年 2 月 19 日，《习近平在党的新闻舆论工作座谈会上的讲话》。

作导向，尊重新闻传播规律，创新方法手段，切实提高党的新闻舆论传播力、引导力、影响力、公信力"①。作为媒体新闻舆论行为主体的记者群体，自然要服从于一定的行政规制，而难以突破职业的政治底线。

在中国媒体日常的社会实践过程中，政治权威对新闻生产的指令式规制，既是规范性话语，也是记者必须面对的挑战。在职业传播活动中，记者群体若对领导层面的指令意图领会不到位或执行不得力，就有可能导致舆论导向偏航，这种情况一旦出现，不仅会使得记者的主体性削弱，更令新闻传播业的公共性建构逐渐收缩，而顶层设计寄望媒体和记者的传播效果也会大打折扣。

不过，中国主流媒体承担的新闻舆论工作，性质虽属"党的重要工作"，但这并不意味着主流媒体只能"报喜不报忧"，即只能报道正面新闻，不可揭露社会负面现象，因为意识形态主管部门已经明确表示"批评报道同样也是主旋律"②，也是正能量——这种观点不仅符合现代政治哲学和现代政治伦理，而且还契合了顶层设计的相关理念——"舆论监督和正面宣传是统一的。新闻媒体要直面工作中存在的问题，直面社会丑恶现象，激浊扬清、针砭时弊，同时发表批评性报道要事实准确、分析客观"③。

如果能够真正落实顶层设计的上述意图，那么，媒体和记者在当今新时代的另一项社会功能——舆论监督，有可能因此得以正名并真正发挥作用。

所谓舆论监督或媒体监督，在欧美新闻学界和业界被称为媒体的"看门狗"作用，这一表述直接意味着媒体和记者代表舆论，对国家、对政党、对社会的看守。在 20 世纪 50 年代的中国，曾经盛行过"批评报道"之表述。据有的学者考证，"舆论监督"这一语汇首次进入中国官方文件是在 1987 年，当年中共"十三大"工作报告《沿着有中国特色的社会主义道路前进》中明确提出："要通过各种现代化的新闻和宣传工具，增加政务和党务活动的报道，发挥舆论监督的作用……"④

---

① 2016 年 2 月 19 日，《习近平在党的新闻舆论工作座谈会上的讲话》。
② 《"批评报道也是主旋律"应成为一种共识》，《新京报》，2015 年 9 月 15 日。
③ 人民网：《习近平：坚持正确方向创新方法手段提高新闻舆论传播力引导力》，2016 年 2 月 19 日，http://politics.people.com.cn/n1/2016/0219/c1024-28136159.html。
④ 转引自：徐玲英、童兵：《理性和自由的公权力制约格局之可能性——十八大后中国舆论监督走势的展望》，《南京社会科学》，2013 年第 1 期。

到了中共"十三大"过后 20 年的 2007 年，与舆论监督相关的一种公民权利——监督权，首次与知情权、参与权和表达权一同作为"四权"，出现在官方语汇中①；又过了五年，2012 年的官方纲领性文件——中共"十八大"工作报告《坚定不移沿着中国特色社会主义道路前进，为全面建设小康社会而奋斗》再次明确了公民的"四权"。换言之，舆论监督已不限于媒体组织，而是包括记者在内的普通公民所享有的权利，也即超越"知情"与"表达"这两个传播自由的向度，同时结合"监督"与"参与"富有鲜明公民参政色彩的权利范畴，明确指出了公民的信息自由与政治参与之间不可分割的联系。尤为值得注意的是其中的监督权，随着中国依法治国理念的逐渐深化，社会生活中的监督权在操作层面的实现与理论层面的探讨齐头并进，这对中国新闻媒体在整个政治生态中的定位也具有深远的意义。

相对中国内地传媒生态而言，新闻实践中的"舆论监督"还不是政治维度或法律维度上的权利，仍多少有点赋权的意味，媒体的舆论监督沿用的仍是 20 世纪 50 年代时期权力机构对批评报道的相关规定，即"同级媒体不得批评同级党委"的原则②。因此，时下将政务同新闻和服务捆绑在同一平台的尝试③，未必符合顶层设计一再倡导的"尊重新闻传播规律和新兴媒体发展规律"，至少不利于舆论监督的正常进行。

尽管如此，中国内地有限的舆论监督还是在社会生活和国家政治民主化进程中发挥了一定的积极作用，甚至推进了一些具有较大社会影响的司法案件的解决，例如，2003 年，媒体对于"孙志刚事件"的关注和报道，最终促进了中国收容遣送制度的废止④；又如，近年来，媒体对举世关注的中国反腐议题的大量报道，有力地弘扬了社会正能量；再如，改革开放至今，中国内地的主流媒体常常被社会当作百姓鸣冤叫屈的地方，遭遇不平或心怀怨愤的

---

① 见中共十七大工作报告《高举中国特色社会主义伟大旗帜，为夺取全面建设小康社会新胜利而奋斗》。

② 阅靖鸣：《"党报不得批评同级党委"——1953 年广西〈宜山农民报〉批评中共宜山地委事件及其争论的前前后后》，《新闻与传播研究》，2004 年第 3 期。

③ 《湖北省建立长江云移动政务新媒体平台》，光明网，2016 年 6 月 8 日。

④ 参见：张志安、甘晨：《作为社会史与新闻史双重叙事者的阐释社群——新闻界对孙志刚事件的集体记忆研究》，《新闻与传播研究》，2014 年第 1 期。

上访者纷纷聚集在媒体机构的门口，希冀借诸记者的采访，解决行政困难或司法问题。甚至有学者认为，中国媒体的新闻报道对司法审判的结果具有强烈的影响①。

在这些标志性事件中，不乏践行调查性新闻报道理念的意义。而依据中外新闻业界的定义，调查性新闻报道并非只是将已有的调查结果公之于众，而应属于记者/媒体自己发现线索并通过各种采访技巧来揭秘、来披露真相的新闻生产活动。然而，中国内地记者从事的一些带有舆论监督性质的新闻报道活动，常常被学界认为带有很强的官方烙印。例如，尽管中国中央电视台的两大栏目《新闻调查》与《焦点访谈》被公众视作舆论监督象征，但也有资料表明，这两个著名栏目曾经播出的一些关于腐败大案的揭露性报道，竟无一始于媒体自发的调查②。还有一些研究也发现，一些涉及敏感性话题的报道引用的最多的还是来自权力部门（如公、检、法机关）的言论或观点，而缺少记者自主性的思考和解析。

在中外新闻学界，但凡论及政治与传媒的关系，或多或少地联想到这种关系中的单向钳制或操控也是自然而然的。诚然，在中国内地，政治话语权力对传媒的操控力较强，但在日常的新闻话语生产过程中，也不可避免地会有媒体和记者的相应反弹。对于一些案例的分析研究证实，很多社会事件之所以会成为新闻报道的热点，往往是政治权力、传媒以及社会互动和博弈的结果，在一定程度上属于议程建构的过程，因此，传媒对于政治的影响作用也不应小觑。

中国记者群体面临的压力来源因素中，具有鲜明政治性维度的指标"上级部门的干预和做法"，以及具有组织色彩、但仍有一定政治性维度的指标"领导的观念和做法"，这两项的均值落在有一定压力的区间内，在相关调查总共11项压力变量中，分别名列第三位和第六位（见图2-4）。

在日常的新闻生产中，供职不同级别媒体的记者对来自政治维度的压力

---

① 转引自：梁平、张蓓蓓：《从舆论监督到新闻法治——基于当代传媒与司法的关系研究》，《河北法学》，2012年3月。

② 商建辉：《传媒商业化下的新闻民工的生成与行为》，《重庆工商大学学报》，第30卷第4期，2013年8月。

的感受呈现出一定的差异性。例如，国家级媒体的记者中，仅有一成余（11.1%）感受到"上级主管部门的干预和做法"带来的"压力非常大"，而省级直辖市级媒体和地级市级的媒体中，每五位记者中就有一位认为这一政治性"压力非常大"，反弹最强烈的是省会级媒体的记者群体，相对供职国家级媒体的同行，相关占比翻了一番以上（达23.1%）。不过，在"领导的观念和做法"这一压力选项上，各级媒体的记者群体之间并没有出现明显的不同①。

应该承认，在实行改革开放政策后的近四十年时间里，中国内地在社会发展过程中，非但经济增长的地区性差异较为明显，不同层级的政治话语权力部门对于理解顶层治国理念以及对于传媒角色和社会作用的认知亦不尽相同，相关行政规制力度也大小不一，这或是造成中国不同级别媒体记者群体的政治压力差异感的原因之一。

2）新闻自主性评价较低

与上文相呼应的是，中国内地媒体的记者群体多年来对新闻话语生产中的自主性评价较低。早在 2002 年，针对上海地区记者群体的一项调查已经发现，记者对在自己所从事的新闻工作中获得的工作自主性，平均估值为 3.13（5 级量表，N＝417）②；两年后（2004 年），在全国 8 个城市中进行的另一项调查显示，新闻从业者的工作自主性的满意度评价在"一般"与"较高"之间，均值为 5.93（10 级量表，N＝1442）③；2009 年进行的另一项研究则表明，超过四成的记者认为新闻工作中自主性程度较低和很低，而认为工作自主性较高和很高的不足两成（N＝107）④。

在经济活动和传播活动均朝向全球化的时代，不同的国家之间、文化之间、人民之间的交往日益频繁，信息、资金和人员的流动量骤增，关乎现实社会变迁的政治事务亦越来越超越国界，"全球本土化"（Globalization，即

---

① 丁迈、缑赫、董光宇：《全国广播电视新闻从业者调查报告》，中国发展出版社，2016 年。

② 陆晔、俞卫东：《传媒人的职业理想：2002 上海新闻从业者调查报告之二》，《新闻记者》，2003 年第 2 期。

③ 陆晔：《社会控制与自主性——新闻从业者工作满意度与角色冲突分析》，《现代传播》，2004 年第 6 期。

④ 陆高峰：《广电从业者生态调查报告》，2010 年 8 月，http://media.people.com.cn/GB/22114/45733/199279/12346996.html。

"全球化视野、本土化行动"）的理念逐渐普及，政治与记者/传媒的博弈也呈现出新常态。

与国际同行相比的话，中国记者群体的职业境遇并不乐观。根据全球层面内面向22个国家记者进行的一项调查（2011年）结果，中国记者对工作自主性评价的均值为3.52分（满分为5分），在参与调查的22个国家中排名第20位，仅高于希腊（3.30分）和俄罗斯（3.28分）的记者[①]。时隔数年，同样的调查项目更新了相关数据（2016年），结果显示，中国新闻工作者在自主选择报道一项的均值下降，仅为2.98（满分为5），在所有参加调查的66个国家中，名列倒数第三，仅高于卡塔尔和坦桑尼亚[②]。

平心而论，记者群体对工作自主性较低的主观评价依据应是多元的，单纯地归因于政治压力的看法，难免是武断和有失公允的。因为基于一个时间点的发现，难以衡量压力值状态的真实缘由，而通过纵向和横向比较，或是通过具有一定统计学意义的、深入的、历时性的焦点小组访谈，并将从媒体及其记者群体中得来的经验性数据与其他外部数据或资料进行比较研究得出的数据，或将是更为稳妥的和可信的。

然而，无论如何，中国的广播电视媒体作为社会政治版图中的一个重要的能动符号及其背后交织着多种权力的博弈、竞争与妥协，已成为不难接受的现实。但是，由此就试图用纯粹的西方学术观点来分析、解读中国内地传媒与政治的关系，是较为危险的方法，因为这种研究路径极容易夸大政治对传媒的干预，而忽略当今中国传媒的不同属性及其对政治领域和社会领域不断增强的反作用力。

此外，在审视记者/媒体与政治的关系时，另一个有价值的社会学研究思路或可引起重视，即在传媒与社会的视野中，关注公众如何通过媒介实现政治参与，从而推进整个社会政治民主化的进程。相关的研究取向例如公众的"媒介参与"（Media Participation）[③]，具体而言，公众不仅可以作为知情人或

---

① Worlds of Journalism Study：http：//www.worldsofjournalism.org/。

② Worlds of Journalism Study：http：//www.worldsofjournalism.org/。

③ Shen，F.，Lu，Y.，Guo，S.，& Zhou，B.（2011）.News media use，credibility，and efficacy：An analysis of media participation intention in China. *Chinese Journal of Communication*，4（4），475-495。

见证人对媒体爆料，助力记者进行新闻调查，实现媒体的社会监督，而且还可通过社会化媒体传播信息，直接介入国家的政治生活，这两种间接或直接的舆论监督方式，都有可能会引发巨大的社会影响力。

2. 来自经济维度的压力

对于中国记者群体面临的压力来源因素而言，令人出乎意料的是，来自经济方面的挑战居然超过了政治性压力（见图 2-4，中国记者工作压力来源）。这与近年来中国（内地）媒体的市场化程度不断提高，资本力量对意识形态的作用日渐明显不无关系。

在不少记者自嘲是"新闻民工"的同时，还有的抱怨"在一个饥肠辘辘的中国商业化媒体环境里，中国的记者正在变成一个整天为自己生活奔波养家糊口的人"[1]。

中国中央电视台于 1993 年开播的杂志型新闻栏目《东方时空》，可以算作这种情况的一个例证。最早，央视财务部门给《东方时空》招聘人员定工资的标准，是月薪 280 元（相当于当时清洁工的工资标准）[2]。栏目招聘的人员按临时工待遇，这意味着栏目的这类工作人员既没有提干、评职称的可能，也不能享受住房分配和北京户口的待遇，甚至连央视正式的工作证和电视台出入通行证件都没有。尽管如此，基于对在央视工作的向往，以及《东方时空》的品牌号召力，许多供职于外地广播电视台的记者，不惜告别稳定的工作职位，有些甚至不惜向原单位缴纳高额的辞职赔偿金，奔赴央视，宁可成为"北漂"，也在所不惜，希冀实现自己的电视新闻理想。

然而，当时《东方时空》对记者和其他工作人员的要求及淘汰机制也较为严酷，栏目组评价节目质量的标准只有两条：一是观众的评价（观众来信反馈）；二是社会反响与美誉度。栏目编导只要在公布的季度考核奖名单中落榜，就得"下岗"[3]。这种既追求收视率、同时又强调满意度的节目评价机

---

[1] 李希光、孙静惟：《商业化阴影下的中国下一代记者》，《新闻记者》，2004 年第 11 期。

[2] 新民周刊：《〈东方时空〉曾按清洁工标准招人：每月 280 元》，2014 年 10 月 30 日，http：//news.sina.com.cn/c/2014-10-30/105531068878.shtml。

[3] 同[2]。

制，在一定的时间内的确收到了促进这档新闻栏目创新发展的良效，对电视新闻内容生产的正向竞争也十分有利。然而，当栏目的人事制度蜕变成一味回应市场期待、完全依循受众反馈和收视率等商业机制驱动时，非但记者群体职业上的不稳定性和不安全感加剧，栏目的统一风格也难以保持，栏目的战略规划和可持续发展直接受到影响。由此可见，来自媒体经济方面的过度压力完全可能直接挫伤记者群体的主观能动性与生产积极性。

随着《劳动法》的出台，一些不甚规范的媒体人事成为历史。取而代之的则是媒体对新闻岗位应聘者的一些新的、更高的要求，例如，普通话考核或相对严苛的学历等。仍以《东方时空》为例，这些对记者职业的新要求本应刺激报道质量的提升，遗憾的是，记者群体的薪酬激励机制却未同步提高，反而一再萎缩，加之这档高度契合受众期待的新闻栏目不断被行政规制所束缚，栏目制片人的自主权和管理权不断被压缩，记者和栏目组其他成员的工作激情与主观能动性逐渐消退，栏目的传播力、引导力、影响力、公信力随之每况愈下。

《东方时空》栏目的经营变迁可谓廿余年来中国记者职业在市场化进程中所受影响的一个缩影。在短短廿余年里，经济层面中的制度性变化主要有如经营自负盈亏、收视率导向的市场取向、制片人制的引入以及绩效考核等；在个体层面，则牵涉直接的物质性回报、职业生涯规划与个人理念等方面。这些也恰恰是构成整个广电媒体经营发展及其市场扩张的微观/中观要素。

1）广电媒体经营发展对记者的新压力

相对于记者群体在经济方面遭受的压力，媒体自身的经营压力也在增加，而且时不时就会转嫁到记者身上。如果说记者当年向编辑部报送新闻选题时，获得批准与否的唯一标准，就是政治正确前提下新闻价值的高低。但而今，记者报选题时，若能向采编部门主管说明选题或为媒体经营增效，选题通过的几率就会大为提升。报道策划的这种潜规则，正是媒体管理层以市场驱动为底线的真实写照，记者群体面对这种来自经济层面的挑战的无力感日益突出。

通过国家权威部门公布的统计数据，很容易就能发现，中国内地广播电视业的总收入一直在攀升，并在 2013 年时达到了最高点，虽然，广播电视媒体 2014 年的总体收入增速减缓，略有下降，但仍高于 2012 年（图 2-5）。

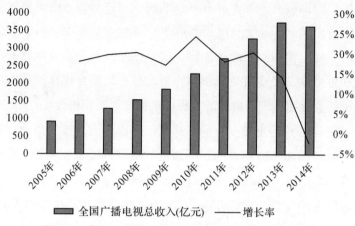

全国广播电视总收入(亿元)　——增长率

图 2-5　中国（内地）广播电视媒体总收入（亿元）①

　　毋庸赘言，广告曾经在各国媒体的创收来源中，占据了很大比重。在 2008 年至 2013 年间，中国内地广播电视业的收入从 1452 亿元增长至 3734.88 亿元，年均增长率达 17.34%；广电媒体广告收入从 701.75 亿元增长至 1387.01 亿元，年均增长率近 15%②。而随着新兴媒体的勃兴，媒体之间的竞争日趋激烈，传统媒体在广告市场占比的优势也在不断消解。2014 年，电视广告刊例收入微降 0.5%，广告时长减少 8.9%；杂志广告收入降幅为 10.2%，而报纸广告降幅高达 18.3%，唯独广播一枝独秀，广告收入在连年增长的情形下，2014 年继续看涨，达 10.6%，但其广告时长已经出现下降趋势，降幅为 0.8%③。到了 2015 年，电视广告跌幅仍在扩大（跌 4.6%），电台广告也出现跌幅（0.4%），报纸广告跌幅为 35.4%，杂志广告跌幅为 19.8%。④

　　媒体市场部门对记者群体形成的经济压力五花八门，其中既有媒体广告创收需完成的目标，也有提供新闻通稿"软文"或通过新闻生产管理者介入

---

①　根据中华人民共和国国家统计局制表，网址：www.stats.gov.cn/。

②　钱岳林、高铁军：《由广告数据看新传媒时代广电的发展》，《传媒》，2014 年 11 月，http://media.people.com.cn/n/2014/1128/c390998-26112033.html。

③　央视市场研究：《2014 年中国广告市场回顾》，http://www.wendangku.net/doc/d875f5e7011ca300a6c390d2.html。

④　央视市场研究：《-2.9%，中国广告市场 2015 跌势收年》，2016 年 2 月 26 日，http://www.ctrchina.cn/insightView.asp?id=1780。

新闻报道选题策划和报道内容处理，还有在事关媒体广告"金主"负面新闻方面的"把关"等等。如今，近半数（48.4%）的省会级媒体的记者在日常新闻实践中感受到来自媒体市场部门的压力，而国家级媒体的记者群体这方面压力较小，占比仅为 16.9%，而地级市级媒体记者、省级直辖市级媒体记者中分别高达 43.%和 32.9%[①]。显而易见，较之国家级媒体较多占有的各种资源，其他各级媒体的记者都面临着的来自市场经营部门的更大挑战。这也再度从侧面印证了供职国家级媒体的记者群体在劳动薪酬回报方面，待遇优于其他各级媒体的同行。

媒体施加的各种经济压力，都在影响和削弱记者在新闻实践活动中原已脆弱的自主性。在市场经济因素的驱动下，媒体的新闻内容生产受到市场的裹挟，广播电视新闻节目的发展多少也受到影响。

从宏观层面来看，自 2008 年以来，我国广播节目播出总时数一直在增加，广播媒体新闻资讯类节目的播出总量也在提升（图 2-6）。

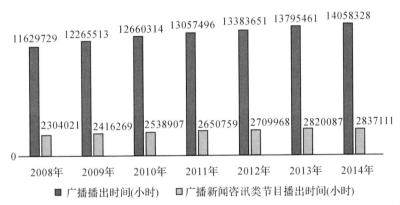

图 2-6　中国广播节目播出总量与其新闻类节目播出总量的变化（2008-2014）[②]

2008-2014 年期间，中国广播节目总量每年环比增长率以及同期的广播新闻节目每年环比增长率均有非规律性增减（图 2-7）。然而，从图 2-8 可以看出，不管每年中国广播节目总量如何增长，每年播出的广播新闻类节目的所占的比重基本维持在节目总量的两成左右。

---

① 丁迈、缑赫、董光宇：《全国广播电视新闻从业者调查报告》，中国发展出版社，2016 年。
② 根据国家统计局数据制表，网址：http://data.stats.gov.cn/。

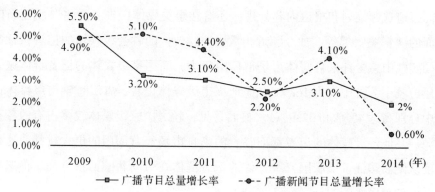

图2-7 中国广播节目播出总量与广播新闻节目每年环比增长率比较

图2-8 中国广播新闻类节目播出量在广播节目播出总量的占比变化（2008-2014）

与广播节目的发展相类似，电视节目播出的总时长以及新闻资讯类电视节目播出量也都呈现出逐年增长的态势（图2-9）。

图2-9 中国电视节目年播出总量与新闻类节目年播出量变化（2008-2014）①

---

① 根据国家统计局数据制表，网址：http://data.stats.gov.cn/。

从历年（2008-2014 年）中国电视节目播出总量以及电视新闻类节目播出量每年环比增长率来看，每年的变化时高时低，增速或快或慢，似无规律可循（图2-10）。

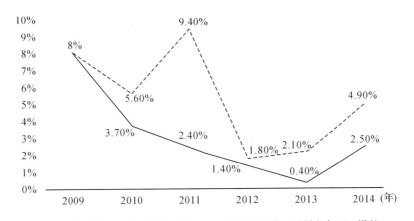

图 2-10 中国电视节目播出总量与广播新闻节目每年环比增长率比较

但是，值得注意的却是，每年电视新闻类节目播出量在电视节目播出总量所占的比重却呈现出连年攀升的趋势（图2-11）。

图 2-11 中国电视节目播出总量增长率与新闻节目占比增长率比较（2008-2014）

尽管与广播新闻节目占节目播出总量两成的现实相比，中国电视媒体仍有继续努力的空间。但这一发展态势也许恰好意味着，记者群体在践行，电视媒体在20世纪90年代提出的"新闻立台"理念方面已然做出成效，并正在扎实地继续前行。

然而，值得新闻学界和业界深思的地方，一方面是广播电视新闻节目播出总量的连年增长，倘若媒体人力资源变化不大的话，广电记者的劳动强度势必有所增加；另一方面，与广播电视媒体收入持续走高形成强烈反差的是，广播电视内容生产一线的记者群体的酬劳待遇并未见明显改善，有的广电媒体记者的劳动回报甚至不升反降。这两方面的问题显然有悖于社会主义社会生产劳动的分配方式和尊重新闻传播规律的专业要求。至于广电媒体在经营收入连年增长的同时，是否也不断加大在节目制作方面的投入，传媒领袖们和业内人士对此都是心知肚明的。

2）经济压力：媒体经营趋势与个体经济回报

就整体而言，中国记者群体目前所受的压力，非常明确地指向来自经济因素或与经济有关的因素，压力最大的是对"媒体的发展前景"的信心或忧虑。其中，认为这方面"没有压力"或"压力较小"的仅有 9.9%。而在这方面认为压力较大或压力非常大的占比合计高达 56.6%[1]。

不同级别媒体的记者在这方面感受到的压力在程度上显现出差异。极度担忧"媒体的发展前景"，并将此作为"压力非常大"的是供职于地级市媒体和省会媒体的记者群体，其量化后的压力数值（分别为 32.3% 和 28.2%），竟然超过或接近国家级媒体记者数值（14.5%）的一倍，而省级直辖市级媒体的数值（19.2%）[2] 位于二者之间，这一值得关注的比对不仅揭示了不同级别媒体记者的经济性因素的压力之差别，更反映了地级市媒体和省会媒体对自身发展定位的困惑与焦虑。

更有甚者，省会级广播电视媒体和地级市广播电视媒体的记者群体在"所在媒体的经营状况"方面感受到的压力更大，比例均超过半数，其中省会级媒体大多数记者对此表示有压力（包括压力较大和压力非常大）的占比最高，为三分之二强，高达 68.7%，地级市媒体记者在这方面的压力感比例是 67.3%，省级媒体记者对此有压力感的也超过了半数（50.9%）。相比之下，只有供职国家级媒体的记者感觉略为轻松一些，相应比例为 39.0%[3]，即仅有三分之一强的供职于国家级媒体的记者因所在媒体的经营状况而感到压力。

① 丁迈、缑赫、董光宇：《全国广播电视新闻从业者调查报告》，中国发展出版社，2016 年。
② 同①。
③ 同①。

收入和福利待遇直接表征了记者群体受到的经济压力：月薪在 5000 元以下的省会级媒体和地市级媒体记者比例都超过半数，分别达到 55.4% 和 61.8%。虽然省会和地级市的消费指数或相对略低，但省会级媒体记者在这方面感到压力的情况最为明显，占比 68.1%；而地级市媒体则为 55.7%、省级直辖市级媒体为 55.6%、国家级媒体则为 52.3%[①]，由此可见，媒体级别越高，记者在经济收入方面的压力有可能越小。

在经济层面对记者群体形成挑战的因素还有媒体的绩效考核，各级媒体记者群体对该项的压力的评估均值高达 3.49（5 级量表），而且男性记者感受的这方面压力的比例（52.9%）高于女性记者（45.5%）[②]。

事实上，除了体力劳动，记者新闻生产更多地还是属于脑力劳动的性质。如果忽略这一重要的生产属性，有如将薯片和芯片视为同一类商品。因此，完全用绩效来考核新闻实践，就有可能完全抹杀记者劳动的文化性和创新性，把新闻产品当成纯粹的商品，只注重经济效益，而对其社会效益视而不见，一如用绩效考核教师的劳动，完全将学生当作产品而忘却教育的本质是人才培养。因此可以说，在新闻界和教育界推行绩效考核的生产管理方式，缺乏对智力劳动者起码的尊重，或是社会和民族的悲剧。

中国记者群体对来自薪酬和福利待遇等方面经济压力的焦虑，还多少来自其目睹的媒体在收入/产出方面极不合理的比例，虽然商品经济时代的新闻报道虽日益朝向按消费生产，但分配却严重滞后，远远达不到按价值分配。传媒针对记者设计的劳动回报，包括专业晋升的制度，在实际运作中仍属于一种强势话语权力对生产个体的剥夺性占有，记者群体在新闻生产中体现的个人价值以及记者的社会地位，与媒体攫取的商业利益之间并不相称，甚至极不平衡。此类不公现象在非国家级媒体中更加明显，稍前言及的省、地、市级记者群体感受的经济压力比重即可视作为注解。

随着当今中国社会舆论格局的复杂化和新闻信息传播渠道的多元化，专业记者在履行历史使命方面更加任重而道远，唯有在坚持正确的舆论导向和

① 丁迈、缑赫、董光宇：《全国广播电视新闻从业者调查报告》，中国发展出版社，2016 年。
② 同①。

争取媒体的健康而充分的效益增加之间、在记者的社会功能发挥与其个人价值的实现之间做到更合理的平衡，才有可能令记者群体摆脱经济压力之累，顶层设计对记者"待遇上及时保障"的要求也才有可能真正得以落实。

3. 来自技术维度的压力

应该承认，技术，尤其是数字与网络技术的普及化，的确为当前的记者群体的社会实践带来了一些便利，以往因为空间因素（地理距离、文化距离等）而无法实现的采访，现在很容易就能借诸互联网得以解决，以往各类稿件因传输手段所限而影响报道时效性的现象，亦得益于信息与传播技术的进步而消解，报道的即时/实时发布已成现实；新闻报道的时间成本和人力成本也因此尤为节减。而且，随着行政部门的信息化、数字化办公和开放数据源的增加，记者比较全面地整合相关的背景资讯亦更具操作性。

然而，日新月异的媒介技术对于中国记者群体的穿透，似乎已经超越了应用层面，而成为一种意识形态，即技术意识形态。由此，当新的媒介方式不断涌现时，"报刊日薄西山""年轻人不再看电视""传统媒介将被新兴媒介取代"等被表面现象掩盖本质的非理性说法风靡一时，甚嚣尘上。技术意识形态仿佛成为主宰社会进步的原始动力，暂且不论报刊发行量和广告收入的下滑除了媒介消费习惯的变化，更有媒介形式多元带来的媒介消费时间的重新分配，也不论年轻人（主要是城镇的年轻人）并非不看电视，而是日益不再在电视机上，转而通过网络平台，尤其是移动平台收看电视节目，更不论基于传播史学理的媒介之不可取代性，都应该理性地承认技术是人类社会发展的重要推动因素，然而技术毕竟不是社会进步的唯一动因，否则就有可能陷入技术决定论的泥淖。

如今，媒介技术的发展主要体现在新闻内容生产和传播方式的演进，对于记者群体而言，不仅必须及时熟悉新兴技术在新闻实践不同环节上的应用，适应从原先单向的新闻内容传播到朝向多元互动的新闻"分享"与"对话"的转变。同时，也要在日益提速的新闻时效面前，坚持专业精神，保留核实、思辨和解析的时间与空间，避免形式颠覆内容的倾向。

就目前而论，不论供职媒体的级别，中国绝大多数记者都感受到了新兴媒介技术的压力，相应指标的均值为 3.68 分（5 级量表），其中，省会级媒体记者群体的技术压力最大，有九成表示感受到这方面的压力。认为"压力非常大"的记者在省会级媒体层面占比也最高，达到 28.7%，而这一指标在地级市媒体和省级直辖市媒体分别为 25.4% 和 20.7%，国家级媒体的记者群体认为"压力非常大"的比例最低，为 17.4%[①]（这或许与国家级媒体记者群体的社会性结构因素，如受教育程度、学科背景、年龄、性别等有关）。

在媒体日常的新闻话语生产中，新兴技术给记者的压力还体现在劳动节奏和劳动时间的变化方面，数字技术为新闻时效的提升带来了无限的想象和现实可能，广播电视媒体以往的新闻采编节奏，尤其是截稿时间已不太适用于全媒体报道的需要，"24/7" 的新闻采编编辑流程成为融媒时代的新常态。换言之，而今的记者群体全天候待命成为职业心态，加班加点更似乎是记者职业的惯例。"白加黑"（白天加黑夜）、七天无休甚至成为一些传媒领袖引以为自豪的管理方式。将近 80% 的中国广电媒体记者的工作时间[②]普遍超过 2015 年修订的《劳动法》规定，即每天工作 8 小时、每周工作 40 小时的标准工时制度。探究这一问题个中的原因，既不能排除媒体管理层法律意识较弱的因素，也有技术进步带来的冲击和挑战。

在媒体融合长足进步的时代，对技术的乐观乃至迷恋与对技术的恐惧乃至抗拒相互交织，相伴而行。无论是技术进步广义上的"受益者"，或是"受害者"，甚或是投机者，对于融媒的技术可能都具有各不相同的发展观。在感受"新兴媒体技术"压力方面，有三个现象值得关注：一是在性别上的差异，（男性记者压力的比例为 64.6%，高出女性记者）近 9 个百分点；二是在学历背景上的差异：大专学历及以下的记者认为有技术压力的比例达到 68.5%；拥有本科学历和硕士及以上学历的人的相应比例分别是 60.5% 和 55.3%（就这一数据来看，学历越低，感受新兴媒体技术的压力的比率也更高）[③]；三是中国记者群体的学科背景表明，相当数量的记者没有接受过新闻传播或技术方面的学术训练，面对来自高速发展的信息与传播新技术，以及当今高歌猛

---

① 丁迈、缑赫、董光宇：《全国广播电视新闻从业者调查报告》，中国发展出版社，2016 年。

② 同①。

③ 同①。

进的媒体融合趋势，压力可想而知。

与此同时，随着融媒技术的飞速发展，传媒之间的竞争亦日益激烈。

面对已然浮出水面的传媒新业态，记者群体在从事新闻生产时，原先掌握的单一媒介的传播技能，已经难以回应媒体融合时代的要求，新闻的多渠道/多平台呈现、新闻的实时性传播，包括消费者对内容需求的日益增长，都给记者群体提出了专业素养的新要求，带来了更多的技术性压力。其实，象征跨媒体报道趋势的"媒体融合"的真正意义在于合作——媒体在技术渠道/平台、媒体所有制、组织管理形态等方面的战略合作，以及记者在内容协同生产、新闻采访技能，以及新闻叙事技巧等的跨媒介、全方位的战术合作。这是一个动态的过程，也是一套带有鲜明技术色彩的、在专业人士共同建构下形成的权力—话语体系（至少在中国是如此）[1]。

鉴于媒体融合的特点，新闻业界和学界不少观点都认为，未来记者的培养必须朝向"集信息采编、摄影、摄像、专题策划、网络运用等于一身的全能应用型人才"[2]，以期运用多种技术工具、掌握各类传播技能，或对多种介质的媒介平台具有综合管理能力。

然而，"全能型人才"的主张虽然体现了当今社会对新闻人才培养的追求，但或多或少具有一定的理想主义色彩。在报道实践中，"全能型人才"并不是一种契合当代新闻话语生产的人才培养模式，毕竟，百科全书式人物的时代已经过去，精细的职业分工已成为社会发展不可或缺的前提。因此，培养"一专多能"的专家型新闻通才（即在熟练掌握一种媒介传播技巧的同时，又熟悉其他各种媒介报道特性的"全媒型"人才）或是更加契合传媒生态变革现实、更能回应新时代新闻传播规律的努力方向。

当下的传媒人才市场一方面呈现出对融媒人才的高需求，而另一方面却是，媒体管理层对既有人才——在职记者提升专业素养的重视不足。有一个能够说明问题症结所在的例证：中国记者群体的职业满意程度中，对缺少"培训、进修机会"的不满十分明显，在满意度排名中位于倒数第五。

---

① 刘昶、陈文沁：《融媒大发展的前提是遵循新闻传播规律》，《新闻战线》，2015 年第 11 期。
② 宋亮亮：《全媒体时代传媒人才需求变化特征和对应策略》，《新闻论坛》，2015 年第 3 期。

因此，媒体管理层在引进新型新闻人才的同时，应该加大在职业培训方面的投入，将在职记者素养的不断提升视作职业人的终身教育和终身社会化的重要环节，从而有效地减低技术革新和融媒趋势给记者群体带来的技术性压力，从制度设计上保证媒体可持续发展所需的人才资源。

第三节　中国记者的社会流动：离职与犹疑

近年来，中国与新闻和传播有关的两个领域出现了许多名人离职的现象：一是不少新闻发言人和政府官员辞职去企业高就，二是广播电视媒体的名记者、名主持以及高管的离职潮，他们中的许多人因本来就具备较高的曝光率和知名度，而受到舆论非同寻常的关注（电视媒体人的纷纷辞职还加剧了社会舆论有关"电视衰亡"的无稽之谈）。放眼离职潮中冠冕堂皇的理由，表面看不外乎职业转型、个人价值提升以及回归家庭等，但暗地里透出的原因却是酬劳偏低和工作不称心，即对职业的保障性和职业发展空间的不满。无论怎样解释，他们离职行为的本质都是凸显个人的市场能力，以及对更高的个人努力与成就比的追求，属于个人价值的再生产行为。

国家级广播电视媒体人才的离去，只是当前传统媒体人才社会流动的一个缩影，而在一些地方媒体（例如东北地区的传统媒体）人才辞职的现象有时更为严重。

对于媒体而言，从业人员的主动离去固然是不利于传媒战略发展的人才流失；但对于社会而言，传媒人才的离职却是符合社会进步所需的人才流动，意味着社会阶层的变迁和社会各种资源的进一步合理化，意味着更大程度上人的身心解放（Emancipation），有利于社会政治、经济和文化等的进步，没有人才的社会的流动，就不会有社会结构的自我调节和优化，现代社会的开放和活力就会受阻。

中国记者群体的社会流动及其社会分配规则无疑将刺激社会分层机制，改善记者群体的政治权力、文化资源和社会地位，同时也令职业的技术化程度提高。

不过，从经验调查的数据上看，中国记者社会流动的比例并不很高，超过七成（73.1%）的广电媒体记者迄今只在一家新闻媒体供职，供职过2家媒体（包括当前所在媒体）的记者比例仅为20%左右①。在性别和职位方面，职业流动性不尽相同：女性记者的职业稳定性略高于男性记者，而且女性记者选择五年后继续在当前媒体工作的意愿更强，比例为44.1%，也更愿意将新闻作为终身职业（41.8%），而男性选择愿意五年后继续在所在媒体工作的比例仅为37.9%，选择将新闻作为终身职业的比例仅34.6%；而就职业分工而言，记者的流动性高于编辑、科室主任和领导，而广播电视媒体新闻节目主持人的流动性则更高。事实上，媒体记者的职业流动还与工作协议性质有关：相对于事业单位聘用的新闻工作者，签订工作合同的新闻工作者具有2家以上媒体工作经历的比例更高②。

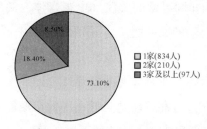

图2-12　中国（内地）记者群体供职媒体数目的分布

如果说，社会流动的因果均在于人力资本，那当今媒体中有一定比例的记者对于"跳槽"持观望和疑虑的态度。这一点从中国记者在职业未来发展的意愿中可见端倪。在五年后是否会继续在目前所在媒体工作这一问题上，各级媒体记者的态度其实都较为含糊而暧昧，均有四成至五成左右的记者尚无定见，表示并不清楚。相对而言，国家级媒体的新闻从业者对目前所在媒体的职业忠诚度最高，五年后愿意继续留在目前供职的媒体工作的记者超过半数，达51.2%，而明确表示五年后不会继续在目前所在媒体工作的记者仅有5.2%（图2-13）。

---

① 丁迈、缑赫、董光宇：《全国广播电视新闻从业者调查报告》，中国发展出版社，2016年。

② Zhang, H., Su, L.（2011）. Chinese Media and Journalists in Transition. In：Weaver, D. H., & Willnat, L.（2012）. *The Global Journalist in the 21st Century*. New York：Routledge. pp. 9-21。

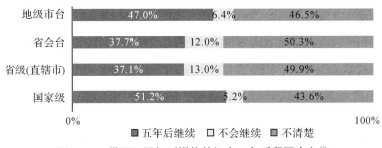

图 2-13 供职不同级别媒体的记者五年后留职意向①

而在是否愿意将新闻作为终生职业方面，国家级媒体的记者群体也遥遥领先，接近半数的记者（46.5%）愿意将新闻报道作为终生职业。

相比其他级别媒体的记者群体，省会级媒体和省级（直辖市级）媒体的记者对前程最为缺乏信心，明确表示五年后还会继续在目前所在媒体工作的记者只有三成多（图 2-14），比例明显低于国家级媒体和地级市媒体的记者，而对不清楚五年后是否继续在目前所在媒体工作的人数也是最多的。

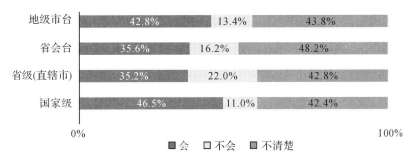

图 2-14 不同级别媒体的记者与将新闻作为终生职业的态度②

记者群体对于自身职业未来发展研判的不甚明朗，似乎也暗示着潜在的职业流动趋势。

在全球层面，包括西方发达国家在内的记者群体的职业流动也出现较为明显的态势。例如日本，2000 年时全日本记者人数达 5.6 万人，在此后仅十余年的时间内已减少至目前的 4.2 万人左右，日本记者的快速流失率竟高达

① 丁迈、缑赫、董光宇：《全国广播电视新闻从业者调查报告》，中国发展出版社，2016 年。
② 丁迈、缑赫、董光宇：《全国广播电视新闻从业者调查报告》，中国发展出版社，2016 年。

33%左右①。

根据社会学的相关理论，造成现代社会劳动个体的非结构性流动的原因主要就在于人力资本回报和社会价值观等。从媒体组织管理层面的角度来看，当今中国媒体人事聘用制度的不善，也是直接导致媒体人离职的原因。目前，在各级广电媒体的记者群体构成中，劳动合同多种多样：既有"铁饭碗"式的事业编制，也有通过其他各种聘用方式（台聘、企聘、部聘、栏目聘）招纳的工作人员，还有临时工、派遣工或实习生等多种方式进入媒体的从业人员。而事业编制的记者在工资收入、福利待遇乃至退休标准等方面，都远远优于其他方式聘用的记者，但工作效率却普遍较低。于是，同工不同酬或同酬不同待遇的情形，严重地挫伤了大多数一线记者的工作积极性，由于人力资本回报低下，加之社会价值体现失衡，近年来出现的广电媒体新闻业务骨干的离职潮便不足为奇了。

此外，一些广电媒体的工作质量评价体系不够完善，绩效测评内容的主观比重较大，客观的量化指标较少，有失公允，还有的甚至连新闻业务和行政事务也不加区分，往往就凭一张填完的表格了事，将评价流于表面，对记者的新闻生产缺乏尊重，这些或都成为记者离职的缘由。相对而言，不少广电媒体与时俱进，及时引进已成体系的量化管理系统，例如，北京人民广播电台全面引入了国际标准化组织（ISO）质量管理系统，科学评估媒体从业人员的能力和业务表现②，这一公平竞争的举措无疑有利于媒体人才队伍的稳定与进一步的建设。

当然，记者个体的职业流动作为一种常态，应该以平常心对待之。一些颇具实力的广电媒体的管理层对人才流动持积极的态度，因为良好的经济基础和品牌优势以及适当的人才进出媒体，反倒是不断吸引优秀人才，保持媒体活力的良策。例如，浙江广电媒体的一位频道级主管便这样认为：

人才流动一定是互补性的，例如，我们频道也有有去读书的，也有去高

---

① 《环球时报》：《英美记者收入地位持续下降》，2013年11月8日，http://int.gmw.cn/2013-11/08/content_9426751.htm.

② 张常珊：《诚论广播电视台人才建设机制创新》，《今传媒》，2014年8月。

校任教的，这都是好事情，主要得益于集团的政策。年轻人需要有个人的发展……在集团层面，有一套规范的制度，只要具体管理部门同意，上面一般都支持，学成后，如果愿意继续回来工作，媒体还可以报销一部分学费。在我们频道，其他形式的人才流动也没有任何障碍。从集团最高管理管理层到具体业务部门都不断有人才流动，审批也很快……①

但是，对于一些非强势媒体，尤其是省会级和地市级媒体而言，人才流动并非易事，甚至导致了媒体从业人员只出不进的状态；而现有管理体制和媒体人事结构无法突破媒体融合发展瓶颈等因素也阻碍着新闻人才的社会流动。

如果将媒体薪酬和福利待遇偏低以及新闻工作压力渐大，当作记者转行的充分条件，那么记者群体的职业素养则是转行的必要条件。

新闻实践的职业特性和职业经验，决定了记者对国内国外两个大局较为全面的认知，以及对社会的政治、经济、文化等各个方面情况一定的掌握。因此，记者群体从借鉴历史到即时跟进新闻，从把握大政方针到体察民情，都有着其他行业不可比拟的优势。同时，记者群体对自身要求"既是杂家、又是专家"的传统，以及当下记者中有相当一部分是各个领域的行家，较之相应领域的专家，水准不相上下，一旦转业，完成社会流动，很容易跻身各行各业的杰出人物之列：央视财经频道一位记者离职后创办了自媒体，融资13.2亿；记者乔治·奥威尔改行当作家，写出了脍炙人口的《1984》；国际不少著名的政治家也都有新闻从业的经历等等，此类成功的例子不胜枚举。所以，记者凭借职业造就的事业和判断力以及日常积累的社会经验，离开媒体后，大都能够快速转化角色，在新的工作中胜任角色。从某种意义上来看，媒体的新闻人才有可能流失，并且有能力"流失"，而这种人才流动于社会的进步当是具有正向意义的好事。

诚如来自顶层的看法，传媒竞争说到底是人才的竞争，记者人才队伍的建设事关新闻舆论工作的成败。媒体如果想真正留住人才，增强媒体自身的权威性，以正确引导舆论，更好地服务社会与公众，除了对记者的充分信任

---

① 《2015年全国广播电视新闻人才现状调查》于Z省的访谈，2015年。

和大胆使用之外，也应在其个人的生活和待遇方面真诚关心、及时保障。

  具体而言，首先应该结合国家生活消费水平，合理提高中国（内地）记者群体的薪酬标准和福利待遇，使之与社会物价消费指数的变化相适应，消除记者群体的后顾之忧，保证记者能够安居乐业；其次，媒体应优化晋升机制（这并不意味着非要将专业表现突出的记者升职为行政领导），给予优秀记者更宽阔的发展空间，在充分尊重记者新闻生产劳动的同时，帮助记者充分实现其自身的价值和理想，在新闻岗位上发挥更大的作用；再者，媒体还应加大记者在职进修和培训方面的投入，定期为记者提供新闻业务"充电"的机会，既提高记者群体的理论水平-帮助时刻处在社会现实一线、为公众提供各种资讯的记者提升认识和把握社会变迁的能力，持续更新时代理念，真正适应的互联网+思维，同时也在实操层面，帮助记者掌握融媒新技术，努力将自己塑造成"全媒型""专家型"记者，力争在职场的竞争中立于不败之地。

第二部分

中国记者与传媒生态

第三章　中国记者与传媒生态变革

信息与传播新技术的不断创新推动着全球传媒生态的变革，媒介信息载体越来越丰富而多样化，新闻话语生产方式的变革也日益深化。从最早的印刷媒介，到 20 世纪 20 年代及中期异军突起的电子媒介——广播和电视，再到当今的数字媒介——互联网与社群媒体，记者采写与编发新闻信息的形式也不断革新，新闻报道的时效性大为改观，对记者专业素养的要求也随之变得更加严苛：面对新闻突发事件，记者不仅需要超乎寻常的反应速度来进行报道，而且还必须在无暇思考的瞬间对新闻价值进行甄别、判断和解析。

作为社会系统的子系统，传媒生态的变迁与社会的变革紧密相连。1949 年以来，中国内地的传媒变迁也与政治变化高度契合。国内政策的紧缩或开放以及国内外政治、经济、文化等领域的对抗、对话、交往与合作，都成为中国传媒结构更续沿革的话语框架。经过六十余年的演进，传媒体制与形式逐渐从集中而单一走向发散而多元，形成主流媒体、市场媒体、社会化媒体（社交媒体/社群媒体）三元互动和两个舆论场并存的格局，政治权力对于传媒的规制理念也从一统演变为制衡。

以此框架为视域，观照中国（广播电视）媒体的演进，进而从广电媒体记者群体的角度出发，探析传媒行业近年来的变化规律，然后聚焦当前正在进行的传统媒体与新兴媒体的融合，或许就能发现中国记者群体在传媒未来发展愿景中的新的属性、新的作用和新的影响力。

第一节　记者与中国广电媒体的市场化变迁

为了深入了解当今中国记者群体的职业行为的方方面面，就不能不放眼中国广播电视媒体的发展轨迹，因为它不仅记载了媒体相关政策以及管理体制的变化，而且一直影响记者的生存与发展空间。从新闻史的角度回首中国广播电视传媒业走过的历程，将更容易体察中国广电媒体发展与国家政治文化脉络历史沿革的一致性，从而还可以探寻出中国广电媒体记者群体与当代中国传媒体制之间的关联与互相作用。

从广播、电视诞生之日起，视听媒介的特性就决定了政府对其的规制有别于其他媒介，例如，各国广电媒体所有制以及广电媒体对其他媒体的兼并；又如，各国对电视媒体的市场准入（尤有非常严格的限制，往往会有相应的政治性或社会性的独立监管部门进行规制，并常常以发放许可证的形式进行管控①）。

较于美国完全市场化的商营电视台的一枝独秀，以及欧洲国家普遍实行的公营广电媒体和私营广电媒体的视听传媒业双轨体制，中国的广播电视媒体实行的则是"条块"式规制形式："条"指的是从中央到地方的党政主管部门垂直管理体系，即从中共中央宣传部到各省、市、县党委宣传部，以及从国家新闻出版广播电影电视总局到各省、市、县广电局四级管理（但无人事管辖权），同级的党委宣传部指导同级的广电局；而"块"指的则是政府相关部委对广播电视传媒不同业务领域的水平管理体制，如国家新闻出版广播电影电视总局主管报刊、书籍、电影和广电媒体的内容生产与分发；文化部则负责音像制品市场、动画产业等；工信部负责电信与网络的硬件技术服务；国务院互联网办公室专事新兴媒体的内容生产管理等。

新中国成立至今，内地媒体的整体发展与社会的政治变迁、国家的现代化和市场的改革与开放以及经济全球化、传播全球化的趋势是相伴相随的，这一现实于内地广电媒体乃至全国传媒生态而言，既是制度、文化、观念层面的语境前提，同时也是对广电媒体的经营与管理，以及资源配置产生长远影响的力量，而且还是广电媒体机构与记者群体的身份认同之间相互作用的推手。而今，中国广电媒体从国营到公营（即从国营——完全的国家财政拨款到公营——财政拨款、广告收入、商业赞助、股票上市等多种经营方式的

---

① 赵化勇：《制播体制改革与电视业发展问题研究》，中国传媒大学出版社，2005 年。

混合），尽管所有制形式出现某种程度的演变，但作为党和政府喉舌的性质始终没有改变。

在中国社会转型的过程中，伴随着国家从计划经济朝市场经济的转向，中国广播电视媒体的沿革大致经历了六个历史阶段，也基本辑录了中国内地整个传媒业的发展进程，以及记者群体社会角色定位从"钦定"到回归本体、从迷失再到重新寻找的演化轨迹。

1. 广电传媒事业体制内的记者：兼任喉舌耳目

虽然新中国广电传媒业应该从 1949 年开始纪元，但实际上，人民广播事业的起步更早。1940 年 12 月 30 日，由中共创办的新华广播电台（以"XNCR"为呼号）在陕西延安正式开播①。后来，这一天被确定为中国人民广播创建纪念日。

自此，中国共产党领导的广播电台，历经了从抗日战争、解放战争，到 1949 年新中国建立，再到以 1958 年中国第一家电视台——"北京电视台"②诞生为标志的全国广播电视体制逐步建立的长期过程。新中国的广播电视媒体非但长期以全民所有制国营体制为标志，而且其媒体管理模式也推广至全国，并至少一直延续到 1978 年。

在新中国广播电视业的起步阶段（1949–1977），由于政治文化在中国社会生活中的核心位置，在改革开放以前中国广播电视机构媒体作为党和政府的"喉舌"或"宣传工具"，属于全民所有制，广电媒体运行所需要的全部资金、设备以及从业人员的薪酬等完全由国家财政提供，电台和电视台的台长也都由政府任命，记者也完全是事业编制，即依从体制的准公务员。从事新闻社会实践并没有专业的记者证，凭媒体出具的采访介绍信，记者即能获得相关部门提供的包括旅行、住宿、联系采访对象等在内的便利。

在当时，中国的新闻媒体还不是独立的政治行为体，而是深深嵌入在党—

---

① "X"是当时国际规定的中国无线电台呼号的英文字母，"NCR"是 New Chinese Radio 即"新华广播电台"的英文缩写。

② 1958 年 5 月 1 日试播，当年 9 月 2 日正式开播。1978 年 5 月 1 日，初名"北京电视台"的中国国家电视台，正式更名为"中国中央电视台"。

国体制内的政治性宣传机构，是意识形态斗争的主要舆论阵地，记者的主体性并未受到重视。"我国广播电视业采用了'单一宣传型'的运营模式，只重宣传，不重服务"①。那时的媒体管理体制大致沿用了战争时期的模式，这也是一套深受苏联共产党影响的管理方法，包括20世纪50年代初提倡的批评报道，多少也受到苏共中央机关报《真理报》做法的影响。1950年4月，在毛泽东的指示下，中共中央发布《关于在报纸刊物上开展批评和自我批评的决定》，其中明确指出，要"吸引人民群众在报纸刊物上公开地批评我们工作中的缺点错误，并教育党员，特别是党的干部在报纸刊物上作关于这些缺点和错误的自我批评"。② 这一阶段出现了一个难能可贵的做法，值得重视，即1956年的新闻工作改革，其意义之一即纠正了原先广播媒体不得开展批评的错误观念③。

确切而言，在1978年12月的中共十一届三中全会召开之前，"我国的电视业只有政治、文化属性、宣传喉舌功能，没有经济属性、产业功能"。④ 在内容生产方面，不但新闻范式十分单一，信息量也相当有限，新闻报道基本上全等于宣传。记者的社会功能也仅限于"上情下达"（喉舌）以及间或的"下情上达"（耳目）。

2. 广电媒体市场化体制萌芽时期的记者：本体意识增强

中共十一届三中全会（1978年12月）开启了当代中国经济改革、对外开放的序幕，包括《人民日报》在内的8家新闻媒体也开始试行新的运营方式——"事业单位，企业化管理"。从此，在中国大陆曾一直被单纯定性为政治斗争宣传工具的大众传媒，逐渐向信息传播职能和经济利益诉求的本原回归，中国广电媒体的产业化变革也由此开端，其极具象征意义的变化在于传媒收入的来源不再单一化，即不再纯粹来自国家财政拨款。虽然这种新制度

---

① 周鸿铎：《历史地研究中国广播电视产业的发展》，人民网，2006年5月20日。
② 《中共中央关于在报纸刊物上展开批评和自我批评的决定》，http://cpc.people.com.cn/GB/64184/64186/66655/4492629.html，资料收集时间：2016年7月21日。
③ 丁淦林、方厚枢主编：《20世纪中国学术大典：新闻学传播学·出版学》，福建教育出版社，2005年，第26页。
④ 刘习良：《中国电视史》，中国广播电视出版社2007年版，第137页。

的经济属性仍然较为模糊，但总体而言已使广播电视媒体经营更为灵活。①

　　1979 年 1 月，上海电视台播出了中国内地第一条电视商业广告，媒体的商业属性萌芽。此后，全国各级广电媒体相继开展了广告业务。由于当时的广告市场竞争还不算太激烈，占据主导地位的媒体的广告效益普遍较好，广告收入连年高速递增。1983 年，全国广播电视媒体的广告总收入仅有 3400 万元，不到十年时间，仅中国中央电视台一家的媒体广告收益就已超过 2.7 亿元人民币（1991 年)②。

　　1984 年 5 月，中央电视台制订了《财务改革实施方案》，在全国电视媒体中率先实行"经费包干"制度。次年开始，政府将广播业经营列入第三产业的统计范畴，媒体的市场属性悄然显现。四年后（1988 年），国家从最初对广电媒体运营的财政包干，开始逐年递减投入，最终让广电媒体发展为独立法人，在经济上独立自主、自负盈亏、自我约束和自我发展。之后的实践也证明，中国的广电媒体正是在这十余年中进入了产业发展的快车道：一方面，内地的无线电视台数量翻了十余番：从 1983 年的 52 座，猛增到 1992 年的 586 座，电视媒体的广告经营额更是从 1983 年的 1600 万元，跃升至 1992 年的 22.55 亿元，增幅达 128 倍③；另一方面，中国的广电媒体的经营模式实现了从国家财政提供全额资金补助，过渡到国家拨款为主、媒体创收为辅，最终过渡到媒体创收为主、国家拨款辅助的变革，媒体的属性也逐渐由计划经济转向社会主义市场经济。记者的新闻话语生产亦逐渐开始与媒体的广告收入等经营效益、继而与个人收入开始有了日益明显的勾连。

　　在改革开放的前廿余年中，中国传媒生态的另一个显著变化是传播格局的改变：原先国家"一报两台"（一份全国综合性日报、一家全国综合性广播电台、一家全国综合性电视台）的传媒业态宣告结束，多样化、多层次的媒体格局逐渐形成，记者职业规划的个性选择也有了可能，除了传统的宣传者角色，记者群体的社会实践逐渐朝新闻传播的本原回归。

---

　　①　张玉川：《中国电视知识分子论》，2011 年，巴蜀书社。

　　②　杨状振：《1978-2008：中国电视产业化经营三十年机制流变研究》，《郑州大学学报（哲学社会科学版）》，2009 年第 3 期。

　　③　李振水主编：《中国广播电视年鉴（1992）》，北京广播学院出版社，1993 年。

也正是在广播电视媒体市场化体制的萌芽阶段（1978-1991），中国提出了"四级办广播、四级办电视、四级混合覆盖"的广电媒体发展战略①，在此框架中，中国内地逐渐形成了广电媒体"3横4纵"的基本布局，即在横向上发展综合台、经济台、专门台（以文艺台、交通台为代表）等三类台，而在纵向上则以中央、省、地（市）、县（市）四级办台。从20世纪90年代初开始，随着有线电视与卫星电视等信息与传播新技术的逐渐普及，无线电视台、有线电视台和教育电视台的三种主要样态并存的局面逐渐形成②。

然而，在社会发展进程中，经济因素总是同政治因素相伴随行，相互作用，在广电媒体试行"事业化管理、企业化运作"二元模式的过程中，一些触及市场利益的体制性问题立刻变得尖锐化。例如，作为举国上下每天唯一的新闻共享时间，中国中央电视台每晚的《新闻联播》节目是各省级卫视台、省会台、地级市台一直是必须按时无偿转播的。二元模式推出后，各级电视媒体的市场部门开始抱怨，因为每晚电视播出黄金时段的这档全国最重要的新闻节目，除了社会效益外，还有巨大的商业回报，各级电视媒体在承担传播主流新闻社会效益的同时，也考虑《新闻联播》对本地新闻节目的发展和自身市场创收造成的不利影响，纷纷希望改变无偿转播的方式，问题至今尚未妥善解决，只能依靠行政手段维持现状。

3. 广电媒体产业化发展阶段的记者：身心压力倍增

20世纪90年代以来，中国媒体迎来了高速增长期。中共中央、国务院做出《关于加快发展第三产业的决定》（1992年），第一次为中国广播电视媒体走上产业化之路，提供了确实的政策依据。正是在这个行政文件的框架中，中国广播电视媒体作为信息服务业和文化卫生事业的一部分，同金融、体育、旅游、交通运输、邮电通讯等一起，被列入到第三产业发展的重点行业名单之内。文件明确要求包括广播电视等媒体在内的事业型单位逐步向经营型转变，实行企业化管理，做到自主经营、自负盈亏。在这份文件发布的

---

① 1983年3月到4月召开的第十一次全国广播电视工作会议做出的决定。
② 林晖：《类型化——中国广播电视发展的必由之路》，《新闻记者》，2001年第9期。

第二年（1993），中国电视媒体的广告总收入首次超过了政府对电视台的财政拨款①。广电媒体的国营色彩开始淡化，事业编制的记者数量不再增加。

为了进一步推进广电媒体的市场化改革，国家从1992年开始又陆续下发了《关于加强和改进宣传思想工作，更好地为经济建设和改革开放服务的意见》《关于继续对宣传文化单位实行财税优惠政策的规定》《关于进一步完善文化经济政策的若干规定》和《关于支持文化事业发展若干经济政策的通知》等文件，从意识形态、产业经营和财政税收等方面，保证广电媒体产业化体制走向成熟。

一系列的制度性的保障使得中国广电媒体在1992年到1997年的五年里获得产业的高速发展，截止到1996年年底，中国各类电视台的数量超过了4000座，广告年收入上升至90.79亿元②。

根据作为全国人民最高国家权力机关的全国人大第九届第一次会议做出的决定，从1998年起，政府对于广播电视媒体的拨款真正开始逐年递减，三年后（2001年），广播电视媒体要完全实现自负盈亏。然而，三年过去了，直到2002年，政府的财政拨款依然没有停止，只是当年财政拨款仅占广电媒体总收入的一成五左右（14.75%），广电媒体已经基本上摆脱了对国家资助的依赖，在经济上获得了相对独立的地位③。

可以说，中国内地的广播电视媒体自此基本上全面进入了市场化竞争阶段（1992-1998）。同时，广播电视媒体在产业体制、政策、观念、结构、法制、技术和经营等各个环节都发生了根本性改变。正在朝向本体回归的记者群体亦必须正视传媒体制的变化，适时调整职业心态，积极应对传播生态的变革。

与传媒市场化转型同步的是广播电视基础设施建设方面取得的成就，到2000年6月底，国家有线电视光缆、电缆干线总里程已达30多万公里，宽带有线电视用户分配电缆超过300万公里，中国有线电视用户突破8000万户，

---

① 林晖：《类型化——中国广播电视发展的必由之路》，《新闻记者》，2001年第9期。
② 《中国广播电视年鉴（1999年版）》，中国广播电视年鉴社，2000年。
③ 黄建翰：《中国大陆电视产业政策之发展趋向与外资进入模式》，（台湾）《咨询社会研究》，2006年1月。

跃居世界第一。全国电视人口覆盖率超过91%，电视媒体广告年总收入高达156亿元（1999年）。

在经济规模扩大、技术进步的同时，各种不同的媒体形态也不断涌现，并且和资本市场联系在一起。上海东方明珠股份有限公司（1992年）、无锡中视基地股份有限公司（1997年）、湖南电广实业有限公司（1998年）、北京歌华有线股份有限公司（1999年）等先后上市，广电媒体的国有性质逐渐转变为公有性质（另外，一些完全独立于广电媒体的社会性影视制作公司和节目制片人也开始出现在电视运营市场。不过，广电市场的准入条件并未因为资本的进入而放宽，根据1997年国务院颁布的《广播电视管理条例》，广电媒体仍然由各级政府的相关行政部门负责规制，其他单位、个人都不能设立广播电台和电视台，外资也基本上排除在外。同理，即便进入数字时代后，外资的参与和运作大致上也限于内容版权合作、影院建设和网络出版业务等范畴内）。

传媒的市场化变迁对社会分层造成了十分重要的影响，其现实意义在于促进了社会的"去单位化"，并刺激了记者群体的社会流动——已经告别了无产和有产二元阶级构成的记者群体，获得了更多的精神自由和劳动自由，择业自主性大为提高，记者根据个人的新闻志向和工作取向，选择供职契合自己才华和发展的媒体之期望成了可能。

中国中央电视台于90年代初由新闻杂志型栏目《东方时空》开始实行的制片人制度，可以视作这方面的范例。契合当时新闻学界和业界不少人士均提出了"新闻立台"的理念，央视开中国内地电视媒体相关制度的先河，广电媒体记者群体的人事组织制度以及人员聘用方法开始松动。此后，电视媒体可以根据节目自身的需要来聘用员工，于是，广电媒体的记者就有了"编外"与"编内"之分。这种记者聘用制度很快就普遍被内地各地电视台效法。到了90年代后期，内地已经有88%的电视媒体实行了制片人制度。因此，中央电视台的无事业编制的从业人员一度竟占到70%以上。这种人事用工模式解决了媒体劳动力短缺的问题，有助于媒体从业人员的社会流动，但它实际上并不能保障记者群体具有社会实践必备的专业素养，其新闻话语生产的质量也因此未必能得到保证。

　　然而，就在媒体从业人员素养存疑的同时，广电媒体却在"四级办台"的体制框架中的迅速膨胀，业内重复建设、划区经营、无序竞争和人力资源浪费等弊端随即显现，各级广电媒体均普遍存在记者个人专业素养良莠不齐、能力高低不等而且相差较大的现象，遗患至今。

　　世纪之交，中国通过经年的艰难谈判，终于进入了世界贸易体系，中国内地媒体固有的条块分割的市场及其管理机制，能否应对进入世贸体系带来的传媒变局，中国广电传媒应如何参与传播全球化时代的国际媒体竞争等新问题，逐渐显现，"规模"与"竞合"等关键词似乎成为相应答案。全球本土化认知逐渐成为记者群体因应这一变化的新理念、新方向。

　　在此阶段，另一个改变中国传媒生态的新生事物——互联网也已经进入媒体有序发展的轨道。1993 年 12 月，中国第一张电子报纸——《杭州日报》电子版问世。1994 年，中国进入互联网时代（当年，中国与美国签订了关于国际互联网合作的双边协议，双方合作开通 64K 专线，中国全功能接入国际互联网）。1996 年，中国公用互联网全国骨干网建成并正式开通，全国范围的公用计算机互联网开始提供服务。

　　如果说次年中国上网用户仅有 62 万人①的话，那在之后短短的三年时间里，中国网民人数已迅速飙升至 1690 万（2000 年）②。进驻互联网的中国新闻媒体随之日渐增多。最为标志性的事件是《人民日报》网络版于 1997 年元旦正式推出。此后，中国中央电视台、中国国际广播电台也相继推出网络版。跨媒体新闻内容生产对记者群体提出了新的专业要求，记者的终身学习迫在眉睫，刻不容缓，超越自我，熟悉融媒理念，也再度成为亟须个人和媒体管理层考虑的问题。普遍而言，一如国际新闻界，中国传统媒体的资深记者对于数字网络技术的接受与适应，或逊于年轻的记者。

　　然而，毋庸讳言，面对传媒的市场化和信息与传播新技术的逐渐普及，遭遇日益严峻挑战的中国记者群体也为社会的拜金主义和媒体的商业利益驱动所裹挟，并不是所有记者都能做不忘初心，坚守新闻职业理想，而一些有

————————

①　第一次《中国互联网发展状况统计报告》，CNNIC，1997。
②　彭兰：《中国网络媒体的第一个十年》，清华大学出版社，2005 年。

悖于新闻道德和记者伦理的行为，如接受"车马费""封口费"等形式的红包，记者群体也是从起初的不好意思到后来的半推半就，再到这一时期的心安理得，收之有愧者反倒成了记者的另类。事实上，媒体的产业化发展给记者个人的身心带来的压力感大幅增加：记者群体必须经受职业伦理道德和巨大的市场利益之间博弈带来的考验。

4. 广电媒体的集团化尝试阶段的记者：冷眼静观其变

与中国大部分改革现实相匹配，中国广电媒体的集团化也是一次自上而下、主要由行政力量推进的体制变革。广电媒体的集团化尝试在理念上的确获得了一些突破，但同时，也暴露出广电媒体体制改革的深层次矛盾，而作为个体的记者在这一时间段（1999-2004）的作用微乎其微，因而，处变不惊、静观其变成为此时记者群体的普遍心态。

象征中国广电媒体集团化尝试的事件性符号，是中国第一家广播电视集团—江苏省无锡市广播电视集团的宣告成立（1999 年 6 月）。次年 7 月，国家广电总局在甘肃召开的全国广电厅局长会议，明确了组建广电产业集团的基本态度和取向，要求"广播、电视、电影三位一体，无线、有线、教育三台合并，省级、地级、县级三级贯通"①（广播电视媒体"四级办台"理念似乎开始动摇）。同年 11 月国家广电总局在其下发的《关于广播电影电视集团化发展试行工作的原则意见》中进一步规定，在以宣传任务为中心不变的前提下，要组建集多媒体、多渠道、多品种、多功能于一身的广电传媒集团。同年底，湖南广播影视集团成立。此后，中共中央宣传部、国家广电总局、国家新闻出版总署《关于深化新闻出版广播影视业改革的若干意见》和中共中央宣传部、文化部、国家广电总局、新闻出版总署《关于文化体制改革试点工作的意见》陆续下发，浙江广电集团、山东广电总台、南京广电集团、厦门电视台、深圳电视台等 7 家试点单位体制改革方案先后进入试点实施阶段。

2003 年 12 月，国家广电总局颁布了《关于促进广播影视产业发展的意

---

① 《中国广播电视年鉴》编辑委员会编：《中国广播电视年鉴（2004）》，中国广播电视年鉴社，2004 年，第 109 页。

见》全面详细地阐述了电视媒体产业体制改革的思路。在这份重要的文件里，政府主管部门第一次提出了广播影视业区分为公益性事业与经营性产业的概念，明确了"以发展为主题，以体制机制改革为动力，以结构调整为主线，以科技创新为支撑，以依法管理为保障，以增强活力、壮大实力、提高竞争力，繁荣和发展社会主义先进文化、满足人民群众日益增长的精神文化需求为目的"① 的产业化指导思想，要求广电媒体实施深化体制机制改革，培育发展市场主体，放宽市场准入等举措。中国媒体的发展与也因此朝向了更加市场化、资本化的目标。

国家广电总局这一文件对中国广播电视媒体的未来发展路向，尤其是传媒的属性提供了极富建设性的思路，然而，文件对一些亟须明晰的理念却未及界定，因此在实际运作层面出现了一些难以调节的矛盾，例如，在坚持国有为主，国有媒体在市场中发挥龙头作用的同时，如何通过市场调节资源？又如，文件允许经营性产业（电视剧制作等非新闻宣传类业务），逐步从广电行业现有事业型管理体制中分离出来，主张各广电集团（或总台）可以将除新闻以外的节目制作，特别是娱乐节目和影视剧的制作出让给社会资本，面向市场，成立财务独立核算的法人公司来运作。但频道频率这类稀缺性资源仍为国家所有，节目的播出权、终审权还要牢牢地控制在国有电台电视台手中。在这种行政管控、资源垄断的体制下，企业化运营如何进行？因此，尽管在广电集团化浪潮中，"制播分离"的理念获得了认可，民营资本进入传媒领域也成了可能，但实际的效果仍然不佳。

2001 年 8 月，《关于深化新闻出版广播影视业改革的若干意见》（即中办、国办联合发布的"17 号文"）出台，根据这份行政文件，集团化建设开始积极推进，在已有试点基础上，以增强影响力和竞争力，推动结构调整，促进跨地区发展和多媒体经营，提高产业集中度为战略发展目标的若干大型传媒集团（如山东、上海、北京、江苏、浙江等地的广电集团）相继组建。

此时，中国广电传媒"一元制度、二元运作"的体制模式虽有创新的意

---

① 《中国广播电视年鉴》编辑委员会编：《中国广播电视年鉴（2004）》，中国广播电视年鉴社，2004 年，第 16 页。

义，但与现实仍有不少距离：一方面，"党管媒体"的性质不容改变，媒体仍属国家所有。事实上，制播分离的总体设计与新闻内容生产并无关系。换言之，新闻节目不在制播分离的概念范畴之内；而另一方面，广电集团的实际运作在不背离意识形态宣传指向的同时，还必须通过市场经营来维持媒体经济再生产活动①。广电集团近五年的实践中，政府直接推动下行政催生的广电集团化弊端逐渐显露，不仅在传媒发展方式上出现了"跃进式"跑马圈地现象，更为严重的是，广电集团成立后，产业的发展要求和事业的内在属性互相缠绕，甚或互不兼容，导致集团内部有效整合不足，一时间，机构重复设置、员工人浮于事、工作效率不高、责任主体不清等问题纷纷涌现。这一切的症结其实都在于集团组建方案和各项管理措施在某种程度上，属于政府外力干涉市场运行内在规律的结果。为此，2004年12月起，组建事业性质的广电集团的想法被国家广电总局叫停，只有申请组建事业性质的广播电视总台（台）才有可能获得总局批准，与此同时，总局对已经组建的20多个广电集团进行了事业管理与业务运营的分离。

在中国广电媒体进行集团化尝试的发展阶段，记者群体在冷眼静观变革的同时，亦在思考自身的角色变化，迷茫和愿景同在。

5. 广电媒体深层次改革阶段的记者：重寻角色定位

在经历了前期的市场化转型、产业属性确定和对广电集团化的实践和反思之后，中国广电传媒的改革进入了深水区。

中国"入世"（2001年）之后，根据政府对世贸组织的承诺，中国传播业的相关领域，如出版、电影、电信、广告和网络市场等方面，都在一定程度上扩大了对外开放的力度。当年，政府首次对外开放广播电视节目制作、发行和电影制作等领域②；也是在同一年，政府鼓励非公有资本进入电影电视剧制作发行领域③，但在这方面对外资进入的规制依然严格：外资控股不能超过49%。

---

① 胡正荣：《后WTO时代我国媒介产业重组及其资本化结果——对我国媒介发展的政治经济学分析》，《新闻大学》，2003年秋。

② 2004年，国家发展与改革委员会与商务部联合修订、公布了《外商投资产业指导目录》。

③ 见2004年《广电总局办公厅转发国务院关于非公有资本进入文化产业的若干决定的通知》。

虽然传媒业改革以来，曾经有过"制播分离"的试水，但对于中国内地广电媒体实行节目"制播分离"的官方确认，却是由 2004 年 3 月国家广电总局发布了《关于促进广播影视产业发展的意见》做出的，这份行政文件的一项主要内容是，可以"把电台、电视台、广电集团（总台）的除新闻宣传以外的社会服务类、大众娱乐类节目，特别是影视剧的制作经营从现有体制中逐步分离出来……在确保频道频率作为国家专有资源不得出售，确保节目终审权和播出权牢牢掌握在电台、电视台手中的前提下，经批准可以组建公司，探索进行频道频率的企业化经营"①。

随着传媒业格局的调整和新兴媒体的强势崛起，20 世纪 80 年代形成的广电媒体按照行政区划"四级办台"体系问题也日益凸显，首先，单从媒介本身而言，一方面是急速扩张的各级广播媒体只能覆盖同级行政区域，行政级别高的广播媒体挤压行政级别低的广播媒体，媒体的发展空间随着行政级别的降低逐步缩小，县级广播媒体，特别是西部经济不发达地区的县级广播媒体基本失去了存在的市场价值，只能依靠财政拨款勉强维系生机；其次，层级分开、条块分割，阻碍了广播媒体的资源整合，难以形成全国广播大市场；再者，基于国家对广播频率资源和信号传输功率的管控，地方广播媒体不仅不许跨行政区域异地办台，也不许加大信号发射功率覆盖异地。与广播媒体受到严格管控相比，新兴媒体的发展环境则要宽松得多，当时的网络媒体虽然没有新闻采访权，却每每罔顾版权，免费或以近乎免费的"白菜价"转发、使用传统媒体的文字、图片、音视频、数据等资讯，对于网民上传的各类内容更是无偿使用，网络媒体因此得以迅速发展壮大，成为传统媒体强有力的竞争者②和民间舆论场的主要平台。

2009 年，政府主管部门再次推行广电媒体节目的"制播分离"改革③，国家广电总局提出按照区别对待、分类指导、循序渐进、逐步推开的原则，积极稳妥地推进制播分离改革④。具体而言，政府的指导性意见共有 5 个方

---

① 国家新闻出版广电总局：《关于促进广播影视产业发展的意见》，2004 年。
② 张常珊：《中国广播业现状观察与前瞻思考》，《中国传媒科技》，2014 年第 5 期。
③ 国家广电总局：《关于认真做好广播电视制播分离改革的意见》，2009 年 8 月
④ 朱虹：《文化产业振兴背景下的广电改革发展趋势》，《视听界》，2009 年 6 月。

面：一是明确范围、重点突破。以中央电视台、中央人民广播电台和部分省级、副省级电台电视台为重点，着力在影视剧、影视动画、体育、科技、娱乐类节目领域开展制播分离；二是积极探索有效的途径和办法。可以按照"先台内、后社会"的办法，组建电台电视台节目制作公司，也可以采取委托制作、联合制作、社会招标采购等形式，引入市场机制；三是深入推进节目播出机制改革，改变单纯的自制自播模式，实现节目供应的公平竞争、优质优价；四是推进节目制作经营体制改革，培育新型市场主体。电台电视台要将可以剥离的节目制作业务和机构从现有的事业体制中分离出来，组建面向市场的节目制作经营公司。要逐步改变过度依赖广告创收的单一盈利模式，使节目制作经营成为电台电视台重要收入来源；五是深入推进管理机制创新，建立台内事业产业分类运行管理的新模式。电台电视台要按照"两分开、两手抓"的要求，通过制播分离改革，积极探索建立台属事业产业统筹协调、分开运行、分类管理、整体发展的管理运营机制。

与此同时，在政府的大力推动下，省级以下电台电视台合并加速进行。为了解决广电媒体"四级办台"格局遗留下来的问题，国家广电总局鼓励县级广播电台、电视台、有线电视台"三台合一"，具备条件的地级以上广播电台、电视台"两台合并"。到2009年，省、地、县三级合并成立的广播电视台约占全国广电媒体总数的80%。次年（2010年），地（市）的广播电视台约占地级广电媒体总量的30%；而全国的县级广电媒体全部实现了两台合并①。至此，由于"四级办台"名存实亡，人力资源的冗余部分必须裁剪并通过不同的形式来消化，而能力并非媒体决定员工去留的唯一标准，记者群体的压力骤升。

暂且不论广电媒体的合并对记者生存状态的影响，事实上，在所有制层面、组织结构层面和内容生产协作层面等，各级电台电视台的合并已经带有的明显的媒体融合的性质。

在全面推行广电媒体节目制播分离改革和资源整合的同时，一些地区的广电体制变革也出现了新的突破。2009年10月，原上海文广新闻传媒集团进行改制，既保留了非营利性质的事业单位部分，也有实行"台属、台控、台

---

① 朱虹：《文化产业振兴背景下的广电改革发展趋势》，《视听界》，2009年6月。

管"，但以企业身份存在和市场化运作、通过资本引入和上市来发展的业务。

不难看出，有别于十年前依据"事业单位、企业管理"的原则进行的传媒集团化改革，上海文广集团改革的经验是"以产业带事业"，将非时政新闻节目内容的制作资源改制为企业，形成相对纯粹的市场主体，同时通过引入市场机制与企业管理，融合金融资本，借力集约化和规模化，做大做强传媒。以传媒体制内分离为特色的上海模式，显然考虑到记者群体对新一轮改革的心理接受程度，因此显得较为人性化。

与此形成对照的是，湖南广电通过将自身改革延伸到体制外来整合资产，将经营性内容生产从体制中剥离出来与市场对接，突破做节目、卖广告的赢利模式，拓展产业链，寻求新的发展模式①。2009年11月和12月，湖南广电分贝网络公司和商业网站分别合建影视公司和网络购物频道，进入电子商务市场。湖南广电还将旗下的芒果TV打造成独立的综合运营体，汇聚优质视频内容，辐射互联网、手机电视、数字电视三大领域。上海和湖南的广电媒体改革创新，打破了行业的条块分割，有利于媒体的跨界整合发展②。

2011年起，中国广电网络融合蔚然成风，双向网络覆盖在全国大中城市城区基本实现。

以"制播分离"和媒体融合为特征的中国传媒深层次改革，动摇了记者职业的传统分工。唯有重新界定自身的职业角色，记者群体才有可能在新的传媒生态中屹立改革大潮的风口浪尖而不倒。

对比全球广电传媒产业的发展大都通过降低交易成本、扩大规模效应来实现市场集中来提高竞争力的现实，中国广电传媒业中央与地方的分离以及高度行政封闭造成资源分散和内耗等，加之作为媒体主核的记者群体事实上也未能得到应有而充分的重视，这些问题非但有悖于新闻传播活动发展的客观规律，而且还使得传媒缺乏成规模的市场主体，缺乏资源整合的有效组织，难以完成公益服务和产业增值的双重目标。因此，在这一阶段近十年（2005-2014）的历程中，通过对广电集团化和"制播分离"等的反思，中国广电媒

---

① 王佳：《盛大：湖南广电改革的药引》，《中国经营报》，2009年11月。
② 李森：《制播分离大幕重新开启湖南广电欲借联姻推改制》，《中国新闻出版报》，2010年1月。

体的改革不断触及体制的深层。

6. 广电媒体突破发展瓶颈时期的记者：人才战略中心

改革开放三十余年来，中国广电媒体的产业架构不断完善，相关市场已经趋于饱和，发展瓶颈似也难以突破。但是，信息与传播新技术的飞速而迅猛的发展带动了传媒生态的变革，给既有的中国广电传媒格局和相关产业壁垒的变革提供了新的思路，记者人才在传媒竞争中的战略优势地位日渐受到重视。

2014 年夏季，中国顶层设计明确指出，应该尊重新闻传播发展规律和新兴媒体发展规律，并将传统媒体和新兴媒体的深度融合发展视作国家战略的重要组成[1]。据此，中国传媒战略发展目标将聚焦着力打造一批形态多样、手段先进、具有竞争力的新型主流媒体，建成几家拥有强大实力和传播力、公信力、影响力的新型媒体集团，形成立体多样、融合发展的现代传播体系。

对于中国媒体而言，2014 年之所以重要，除了顶层设计关于传统媒体与信息媒体深度融合的具体想法之外，还有一个具有重要纪念意义的时间——互联网进入中国 20 年。

互联网在中国的普及改变了社会的生活习惯和人们的思维方式，也改变了所有媒体，也促推进了中国媒体的市场化变迁，记者认知社会的视角、分析问题的维度以及报道新闻的速度等因之都有了全新的经验。

如果说，在 1978 年年底开始的中国媒体市场化进程的各个阶段，中国记者群体大都处于难以主动作为，只能根据传媒变局对自身进行有限的调整的境遇，到了媒体融合时代，记者群体在遭遇日益严重的政治、经济和技术压力的同时，也有了更多地发挥主观能动性的空间，除了社会流动方面的可能选择之外，新闻生产活动中个人价值的实现和拓展，机遇也显著增多。

值得欣慰的是，如今从政府到新闻学界和业界已经形成一种共识，即媒体竞争关键是人才竞争，媒体优势核心是人才优势。记者群体之于传媒突破新闻话语生产发展瓶颈的重要性，而今已被提升到战略的高度。

---

[1] 中国记协：《中国新闻事业发展报告》，2014 年 12 月 29 日，链接：http://www.chinanews.com/gn/2014/12-29/6921673.shtml，资料收集时间：2016 年 7 月 19 日。

第二节　中国记者群体：面对媒体融合

作为合作过程，媒体融合是媒体深层次市场化改革的大趋势，无论在内容、渠道和平台，或是在经营和管理方面，都强调一体化发展，因而，融媒首先要求管理者必须从组织层面来进行媒体发展的战略统筹、规划引导、结构调整、架构设计等；其次，在现行传媒体制和既有传播格局框架中，必须更加明晰传播规制部门、不同媒体和记者群体各自的主体职责，实现彼此协作、相互推动；再者，应以市场规律、法律规制、行业规范以及特别是新闻传播规律为指导，以防止媒体融合脱离市场实际，造成不必要的资源浪费，真正实现合理的、有结构的、多层次的、规模适度的媒体协同发展。

媒体融合的过程中，记者的主体性面临新挑战和新机遇：新挑战是因为信息与传播技术的更新令人目不暇接，记者群体在紧跟技术快速发展时，还得时刻提高警惕，避免掉以轻心，否则随时都有屈从于技术操控的风险；新机遇是指融媒技术创新已经日益渗透到记者日常新闻实践的各个环节之中，新闻信息的一次采集、多种生成、多元传播已经成为现实，这不仅强化了新闻职业传统上较为薄弱的个体合作意识，甚至还改写了整个新闻职业原有的工作节奏，记者群体的与时俱进，无疑有助于拓展个人的职业空间。

仅以媒体融合为基础的跨媒体新闻编辑部为例，这一理念直接改变了新闻编辑部的空间架构、新闻工作的流程，也重构了新闻叙事的形式。在传统的新闻制作流程中，编辑部的工作节奏往往呈抛物线状，即随着截稿时间的临近而加快，而跨媒体编辑部的在线新闻制作需要随时截稿、随时编发，每天的工作节奏呈波浪形状展开；而新闻报道传统的单一叙事形式，也因不同媒介的聚合，演变成参与式、互动式的多元叙事形式，其中既有专业记者的报道，也有公民提供的消息，还可以有学者、专家的评论，既有文字，也有图片，还有音视频和数据的视觉化呈现[1]。平心而论，没有信息与传播技术的

---

[1]　刘昶：《跨媒体新闻编辑部：欧洲的融媒实践》，《中国记者》，2011 年第 7 期。

新飞跃和中国媒体深度的市场化变迁，跨媒体新闻编辑部——"中央厨房"式的新闻内容生产和分发是不可能真正实现的。

在中国广电媒体融媒实践方面，"三微一端"（即微博、微信、微视频以及移动客户端），可以说是较有代表性的尝试，其用户数的不断增加表征了当今中国社会的在线媒介消费趋势。

之于媒体的市场化进程，"三微一端"的一大特色在于体制内外的互补性，即中国主流媒体原有的事业属性与市场化媒体和社会化媒体之间的互补性。主流媒体保持的公信力和影响力，与市场化媒体/社会化媒体内容定制多元性和趣味性或可相得益彰。其中，记者群体的新闻内容生产既要保持传统的专业优势，还需兼顾用户的参与和互动以及网络场域的话语。

时至今日，中国媒体的市场化改革进入了深水区，值得注意和清醒认识的三个倾向出现在人们的视野：依照大众传播时代发展规律设定的传统媒体运行机制，缺乏新兴媒体基因，如果市场化改革不深入，或成为媒体融合的掣肘因素，此其一；中国内地媒体在融合发展方面的差异性较大，各地媒体"三微一端"的发展水平与当地经济水平呈正相关（但融媒发展不均衡程度又远远超过不同地区之间经济发展水平的不均衡），"北上广"等一线城市或沿海发达省份早已开始融媒实践的媒体，位于媒体发展大潮的浪尖，而中部地区、东北地区和西部地区在融媒和"三微一端"方面大都表现平平，因此以国家现代化进程计，必须考虑全国媒体的总体发展，此其二；主流媒体"三微一端"的发展有力地强化了传播力，因而成为传统媒体新的增长点，但是，相对于主流媒体的公信力和引导力，尽管"三微一端"对于社会热点的生成和扩散以及在线话题设置方面竞争力较强，但以其服务对象的数量和市场效益规模而论，只能算作主流媒体的补充，若从引导力来审视，"三微一端"充其量只是主流媒体舆论阵地的拓展，而不应视作舆论阵地的战略转移，此其三。

在此社会语境中，全面认知中国广播电视媒体记者群体目前的职业生态，对于理解记者如何适应媒体融合引发的新业态不无益处。

1. 中国广电新闻传播的新效果

从当前广电发展的受众市场现状看，随着近几十年来的不断扩张，中国内地视听受众市场已经接近饱和。中国电视机的社会拥有量激增的同时，电视机的家庭普及率早已超过百分之百（即一个家庭拥有多台电视机）。最近十余年来，电视的全国覆盖率一直在95%以上，2014年达到了98.6%；广播的覆盖率与之类似，在2014年时也达到98%。是年，内地的广播电台频率总数达到了2686套；电视频道数目则达到3329套①（这些数据还不包括广电媒体在互联网或移动互联网上提供的流媒体音视频服务）。值得注意的现象是，付费电视用户激增（图3-1），这似乎表明电视免费收看的传统观念开始发生变化，消费者已接受为自己喜欢的内容付费的理念，换言之，对内容生产的质量有了新的诉求。

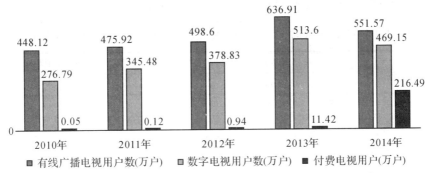

图3-1 中国（内地）广播电视用户数（2010年—2014年）②

从传媒经营目前收入来看，广告虽然仍是广电媒体最为重要的收入来源，但是，2015年成为电视媒体遭遇广告市场挑战最为严峻的一年：电视广告投放总量首次下滑：广告下降4.6%，广告资源量（广告时长）下降10.7%；同期，广播广告下降0.4%，资源量下降13.3%。相较而言，中国网络广告市场同年的整体规模为2093.7亿元，同比增长36.0%③，而互联网广告收入上涨了22%④（由此，"电视已死"的误解也进一步扩散）。

与此同时，用户媒介消费行为发生变化。研究证实，最近五年来，电视

---

① 数据来源：国家统计局，http://data.stats.gov.cn/。

② 根据国家统计局数据制表，http://data.stats.gov.cn/。

③ 《2016年中国网络广告行业年度监测报告》，艾瑞咨询。

④ 分众传媒：《CTR年终报告：中国广告市场2015跌势收年，"移动"和"被动"成投放新趋势》，2016年2月23日，http://www.focusmedia.cn/detail/250/。

观众人均收看时长不断下降。2015 年上半年，电视观众收看时间为 156 分钟，与 2011 上半年的 168 分钟同比，减少了 12 分钟，降幅较为明显①。除了节目同质化减弱了收视的可选择性以及高品质内容的匮乏等原因，其他可能的解释不外乎有线电视提供的回看服务/点播服务（传统的收视调查并未统计此类收视现象），以及智能手机/平板电脑的使用分化了媒介消费时间等理由。

如果上述数据及其变化尚不足以阐述传媒生态变革与记者群体的关系，那么近些年来，中国内地观众每天收看电视新闻节目的时间增减变化较小，当与记者群体的生产有着直接的关联。2015 年，中国电视观众人均每日收看新闻类节目的时长为 21 分钟，环比仅减少了 1 分钟。从数值变化趋势看上，近年电视新闻节目的资源使用效率虽逐年下降，但降幅亦甚小（表 3-1）。

表 3-1　2011 年-2015 年新闻节目的收播比重及资源使用有效率（历年所有调查城市）

年份	播出比重（%）	收视比重（%）	资源使用效率（%）
2011 年	10.0	13.1	31.5
2012 年	10.7	14.0	30.8
2013 年	11.3	14.8	30.7
2014 年	10.9	14.2	30.3
2015 年	11.0	14.1	28.5

数据来源：CSM 媒介研究

从各类电视新闻节目的播出与收视的比重来看，出现了一个供需失衡的现象：一方面，从 2011 年到 2015 年间，"综合新闻"的播出量正在逐年减少（从 2011 年的 56% 下跌至 2015 年的 45%），但同时"新闻/时事其他"类节目的播出量正在逐渐上升（从 2011 年的 35% 上升到 2015 年的 46.9%）。而另一方面，从收视情况来分析，综合新闻的收视比重表面上虽有所下降，但依然还是最受欢迎的电视新闻类节目，2011 年到 2015 年期间，其比重一直保持在 50% 以上。新闻/时事其他类电视节目的收视率在不断上升，从 2011 年的 23% 上升到 2015 年的 26.4%。而新闻评述节目则在这几年间一直维持在 7.9% 到 9% 之间，在 2015 年的值为 8.1%（这种失衡现象的原因或在于：

---

① 新浪传媒：《上半年电视收视全线下滑》，2015 年 9 月 9 日，http://news.sina.com.cn/m/wl/2015-09-09/doc-ifxhqhun8537026.shtml。

1）新兴媒介提供的新闻消费可能性分流了市场；2）新闻内容生产无法满足观众需要；3）媒体高层决策有误。所有这些变化倒是会给记者的新闻实践带来某些启发。

表3-2　2011-2015年各类型新闻节目播出与收视比重（所有调查城市）

单位：%

年份	综合新闻（收视/播出）	新闻评述（收视/播出）	新闻/时事其他（收视/播出）	总值
2011年	62.0/56.0	15.0/9.0	23.0/35.0	100
2012年	58.1/52.4	18.1/8.9	23.8/38.7	100
2013年	56.4/47.1	19.2/8.5	24.4/44.4	100
2014年	56.7/46.4	18.5/7.9	24.7/45.8	100
2015年	55.3/45.0	18.4/8.1	26.4/46.9	100

数据来源：CSM媒介研究

在全国各省卫视频道中，中央级电视媒体的新闻节目的收视时间比重，一直远远高出省级卫视频道。不过，2015年时，中央级电视媒体相关节目的收视时间略有下降，而省级卫视星频道则有所上升；在地面频道中，省级非上星电视频道的新闻节目收视时长也高于市级频道（图3-2）。

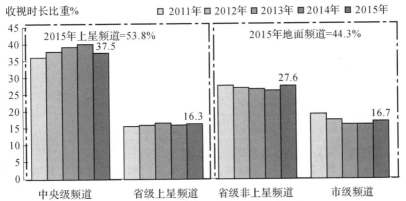

图3-2　2011-2015年各级频道新闻节目的收视时长比重（历年所有调查城市）①

之于广播媒体的现状，记者群体的职业状况相对平稳。尽管全国听众的

---

① 以上所有关于电视新闻节目的数据与图表出处：胡文慧：《2015年新闻节目收视回顾》，《收视中国》，2016年3月刊。

消费行为发生了一些新的变化，例如，自 2011 年起，全国城市中广播总体收听量开始逐年下降，至 2015 年上半年，中国广播听众人均每日收听广播 71 分钟，同比减少 3 分钟。又如，广播节目内容消费场所变化明显，居家广播收听持续萎缩，车载广播收听稳中有提，尤其是在长沙和深圳两个城市，车载收听量已经超过了居家收听量。

表面看来，中国广播媒体市场规模总体上呈缩小的趋势，但内地有些城市（如乌鲁木齐、成都、上海、苏州等）的广播媒介的消费，却出现了人均收听时间增加的情况。此外，相对于广播媒体新闻节目的收听率的下降趋势，交通台和音乐台的收听比重略有上升①。尤其值得新闻学界重视的是，由于中国内地的交通电台从事的远非是纯粹的路况、气象、安全等信息传播，而早已超越本义成为事实上的综合广播电台，播出内容涵盖了包括新闻在内的诸多节目形式，但政府规制对于交通台又相对较为宽松，因此，交通台记者在社会实践中的自主性相对较高。

另从媒体级别来看中国广播媒介的新变化：国家级广播媒体市场份额为 7.86%，省级电台市场份额为 47.31%，市级电台市场份额为 42.45%（2015 年 1—6 月）②。可见，广播媒体在中国内地凸显了其鲜明的地区属性：在广播收听市场占较大份额的都是地区性电台，省级广播媒体和市级广播媒体的市场份额合计占比将近 90%③。这些数据还表明，几乎平分秋色的省级广播媒体和市级广播媒体之间在当地的竞争十分激烈。

此外，媒介的跨界也是当今记者群体普遍面对的变化。自 20 世纪 90 年代中国互联网发展以来，传统媒体纷纷"触网"，先是印刷媒介，后来是广播电视媒介，一时间，"报网"融合、"台网"融合蔚然成风。长期以来媒介角色的自然分工，即"广播抢发新闻、电视展现新闻、报纸解析新闻"的职业传统特色不再明晰，而记者群体更新、提升自身的专业素养亦成为不由自主的新常态。

---

① 梁帆：《2015 年上半年城市广播收听回顾及江浙沪市场收听观察》，《收听研究》，2015 年 5 月刊。

② 同①。

③ 同①。

2. 融媒时代：影响记者报道因子的强弱变化

如同世界上许多国家一样，由信息与传播新技术驱动的传媒生态变迁，引发了媒体新闻生产和消费的持续变革，新的传媒业态对记者个体的职业理念和实践自然也造成了极大的冲击。面对媒体融合语境中的组织新架构、生产新流程、管理新模式乃至对受众的新认知等，记者都需要重新学习，以期与时俱进，将在以往的实践中已成的传统思维方式和行为方式，逐渐转变为适应新时代的观念和心态。

相关研究发现，中国记者群体近年来明显地感受到在自身所从事的职业实践中，影响新闻报道的诸多因素中，最强的变化来自"社交媒体中的信息""突发事件报道的时效性""用户生成内容"以及一些竞争性因素（如媒体经营压力、媒体之间的竞争等）（图3-3）。

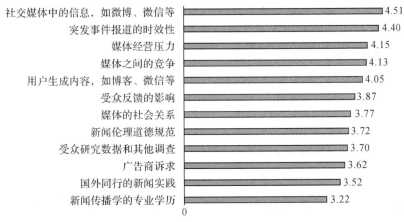

图3-3　影响新闻报道因素的变化程度①

1）竞争关系与传受关系的新变化

记者群体队融媒的感知还因供职的媒体级别、媒体所在地域等不同，出现一定的差异性。在供职国家级媒体的记者中，有71.1%认为社会化媒体中的信息对新闻实践的影响"显著增强"，而在省级直辖市级媒体、地级市媒体和省会级媒体的记者群体中相应的占比分别为62.8%、66.2%和55.8%，各

① 丁迈、缑赫、董光宇：《全国广播电视新闻从业者调查报告》，中国发展出版社，2016年。

级媒体记者将此作为最大影响因素的均值高达 4.51（5 级量表）；而认为"用户生成内容"（如博客、微信等）也是对于新闻报道工作的变化具有较强影响因素的均值则为 4.05，不同媒体级别在这方面的认知也有一定的差异：如国家级媒体记者认为影响增强（"有些增强"与"显著增强"）的有 81%，地级市媒体为 79.9%，省级直辖市级为 73.9%，省会台为 71.4%[①]。

比对全球各地的媒体，欧美一些国家的记者认为"社交媒体（社会化媒体）"成为影响新闻实践因素的数值（5 级量表），例如美国（4.47）、比利时（4.58）、法国（4.60）、德国（4.63）、奥地利（4.67）、芬兰（4.72）和英国（4.78）等，普遍高于中国内地的记者（4.30）（对此可能的解释之一或是，不同于中国内地的传媒生态，欧美国家对传统媒体地位的社会认知仍保持较高水平，因而欧美记者不甚愿意接受长期被传统媒体垄断的新闻话语生产空间被社交媒体蚕食的现实，故顾忌尤甚）；这方面数值最高的是土耳其的记者群体（4.87），最低的是新加坡的记者（3.12）；而认为"用户生成内容"（UGC）也是影响新闻实践的因素方面，中国内地记者（4.20）与欧洲国家记者——如法国（4.17），德国（4.22）、奥地利（4.27）、意大利（4.33）等的认知相似，担忧均较多；作为公民新闻诞生地的美国，职业记者（3.80）对此似乎不以为然，最不在意用户介入新闻产生的是孟加拉国的记者（3.51），而这方面最为敏感的是以色列的记者（4.60）。

由于各个群体自身具有的复杂特性，有可能成为大数据统计忽略的个性因素，因此，社会统计表征的整体数值，未必是不同群体认知和行为的总和。如果想当然而不假仔细思索的话，就会误以为信息与传播新技术威胁、唱衰职业记者群体。但通过上述比较不难发现，不仅每个国家的记者的评价不尽相同，就连中国不同媒体级别的记者的看法亦有差别，可见，在技术变迁中，寄存于传媒生态不同位置的媒体间的动态关系与相互作用的确存在诸多微妙之处。

而若从"他者"——传播活动意义的另一端来看，在以数字网络技术为基础的融媒新时代，传统的"受众"概念早已被颠覆，大众传播时代信息的

---

① 丁迈、缑赫、董光宇：《全国广播电视新闻从业者调查报告》，中国发展出版社，2016 年。

接收者的被动性特征，已逐渐被"阅听人""用户"（生成内容/生成市场）、"消费者""生产型消费者"（Prosumer）等共享和参与的主动性所取代，新闻从告知朝向对话，内容生产一再被市场细分，精准投放直接意味着对个体偏好的重视，记者群体的新闻生产必须应对信息传受关系的转变和传播活动的新趋势，而这也涉及各类传播主体搭乘技术之便所占据的话语权力以及主体性内含的变迁。

记者群体在判断融媒语境中其他与"受众"相关的关系类型，如"市场研究或调查数据"以及"受众反馈"的影响时，看法大都倾向略有改变，在5级量表中，各级媒体记者对前者影响强弱的判断均值为3.70，对"受众反馈"的认知均值为3.87（5＝显著增强，1＝强烈减弱）①。

广播电视受众反馈和市场调研的传统形式包括信访、电话调查、问卷调查、视听记录仪、登门造访等形式，所有获得的数据对于媒体经营和管理部门而言，无疑都极具商业价值，而成为市场对生产的调控依据，但对于记者群体而言，所获反馈信息更多的是与新闻接收者/消费者的交流。而今，这方面又增添了数字互动技术新形式，不仅提供更为精准的市场反馈，而且出现了用户主动生成（评论、转帖乃至微信对话等）的信息消费反馈，记者群体或因此对自己的新闻产品更有信心。需要注意的是，在中国记者看来，这些稍显"被动"的受众对媒体的"反馈"，看似并不如社会化媒体、用户生成内容（UGC）以及自媒体之类的主动性信息生产对自身的报道的活动的影响变化更强。若进一步展开分析的话，获得"资质"的记者群体通过在数字环境中围绕报道活动而形成"推送"与"获取"（Push and Pull）等信息传播行动所隐含的象征意义，相对于同一群体对于"受众"这一略为传统的身份象征意义的理解行为，这两者之间存在着微妙的差异；这直接关乎数字时代中记者的自身定位问题以及经典的传受关系问题。

如此而言，在这种动态变迁中，记者群体究竟要以何自处？这一考问牵涉到新闻教育领域一系列"应然"的见解。职业记者群体在长期的制度性框架内形成的"实然"惯性，尤其是"单打独斗"的职业风格，在媒体融合时

① 丁迈、缑赫、董光宇：《全国广播电视新闻从业者调查报告》，中国发展出版社，2016 年。

代非但不再是个人社会实践方面的优势，反倒可能会在一定程度上掣肘个人的职业发展。传统媒体的记者或须以"移民"的身份融入互联网社会，向网络"原住民"学习新的数字媒介技术，与具有不同知识背景的媒体人相互学习，取长补短，将经年累积的新闻报道经验应用于新的传媒生态，只有这样，才有可能在观念碰撞与经验交流中更好地实现个人的社会价值，形成新型的新闻内容生产理念。

2）记者的个人素养与全球视野

在数字网络媒体长足进步，尤其是媒体融合进一步推进时，全球各地的记者再度普遍遭遇的一大问题，是日益尖锐的新闻伦理道德滑坡，这一方面是由于面对来自政治、市场和技术三重压力，媒体无法始终坚守底线，竞争的压力也迫使记者在新闻实践中时不时打些"擦边球"；另一方面也是因为业余"记者"（Amateur Reporter）在社会化媒体上推送所见所闻时，每每无视新闻伦理道德（的确，作为他律的新闻职业伦理对业余"记者"无效，无法规范他们的行为，但这并不意味公民在参与社会公共事务时可以罔顾作为自律的个人道德约束）。

身处体制内的中国主流媒体的记者受到的职业约束较多，因此，记者群体并不认为报道受新闻伦理道德规范因素的影响力有增大，均值为 3.23（5 级量表），高于以色列记者的认知（1.88），低于塞拉利昂记者的均值（4.16）[1]。而中国媒体内部因职位、工种的不同，相关看法也出现差异，认为近年来新闻理论道德规范对新闻报道影响增强的摄像占比 70.9%，主持人为 76.4%，而外勤记者则为 60.4%，编辑占比 64.3%[2]。

就作为影响因子的"国外同行的新闻实践"而论，唯有国家级媒体的记者认为国外记者的职业行为对自身的影响增强的人数比例稍高（59%），而其他各级媒体的记者群体在此方面，没有显著的差异（大约在 40%-55% 之间）。事实上，国外新闻实践对我国媒体的影响的确存在，却不总是十分明显。20 世纪八九十年代中国诞生了一些发挥过巨大社会效应的电视节目，其中不少

---

① Worlds of Journalism Study：http://www.worldsofjournalism.org/。
② 丁迈、缑赫、董光宇：《全国广播电视新闻从业者调查报告》，中国发展出版社，2016 年。

都借鉴了国外新闻同行的经验，有些在形式上也完全是模仿国外的同类节目。例如，中央电视台《新闻调查》栏目的编导认为，美国哥伦比亚广播公司（CBS）的《60分钟》对其影响很大；上海电视台的《新闻观察》在开播前，主要负责人也大量地参考了国外的同类新闻节目，特别是《60分钟》①。可想而知，这些影响中央级媒体的国外新闻实践元素，又会因为节目的成功，而引发各地电视媒体的模仿，从而间接影响当地记者群体的理念。21世纪初（2002年），上海媒体的记者认为美国有线电视新闻网（CNN）是理想媒体的均值，仅排在《南方周末》之后②，显而易见，中国记者同行不仅关注国际一流媒体，而且评价较高。

然而，尽管传统媒体与新兴媒体深度融合已成发展趋势，但中国记者群体并不因此认为"新闻传播学的专业学历"这一因子会增强对新闻报道的影响，均值超过了中位数，这一看法或从侧面反映了当前我国高校的新闻传播学教育与媒体实践之间的关系，尽管新闻教育与整个传媒业之间显然存在诸多方面的关联，例如教研合作、实习培训、人才输送等，但高校的新闻传播教学是否回应传媒市场对人才期待，则是需要认真考虑的问题。对此，一方面是业界人士对当今中国新闻教育提出的质疑，例如，东北地区省级媒体的一位记者的看法就比较有代表性，他认为，全国1000多家院校的新闻学院中，高素质的新闻师资匮乏。"有的学历很高，却没有新闻实践。理论层次很高，但是不会写稿、不会拍片。所以这样的老师难以带出好的高水准的人才"③；但另一方面，却有一个不可否认的事实在于，新闻传播诚然是一门实践性很强的学科，但中国内地媒体近半数的记者都没有新闻传播学专业背景，虽大都是在进入媒体工作岗位以后，才开始接受业界资深人士的新闻报道业务指导，并获得职业真传，但对高校新闻学教育的系统而专业的理论及业务训练并不十分了解，难免还会有误解的可能。

---

① 陆晔、潘忠党：《成名的想象：社会转型过程中新闻从业者的专业主义话语建构》，《新闻学研究》，2002年第4期。

② 陆晔、俞卫东：《传媒人的职业理想——2002上海新闻从业者调查报告之二》，《新闻记者》，2003年第2期。

③ 《2015年全国广播电视新闻人才现状调查》于H省的访谈，2015年。

对于这种看似悖论的现实，国外高校的新闻教育，无论是以培养新闻业务人才为主的记者学院，或是侧重理论素养的新闻传播学院，其实始终都十分重视理论与实践的结合，都有相当数量的媒体资深人士参与教学。因此，国外的记者群体并不认为近年来"新闻传播学的专业学历"对新闻报道的影响增大，而倾向于对现状的满足，故相应的均值（5 级量表）普遍较低，例如，瑞士（0.97）、美国（0.93）、日本（0.91）和瑞典（0.90）等，唯有厄瓜多尔的记者群体例外，在世界 66 个不同的国家中，均值最高，达 4.37[①]。

3. 融媒时代：提升技能素养意识紧迫

传统媒体与新兴媒体的融合互通，对记者掌握传播技术的多样化提出了新的要求，而记者职业分工的细化又对记者的新闻生产的采编发业务能力规定了更精更专的标准。科技突飞猛进，对于媒体和记者来言，既是千载难逢的机遇，又是前所未有的挑战。记者群体能否从容面对媒体融合的新发展，也取决于其自身的应变能力。这一点从记者的自我认知中显然已经得以确认，相对于多项因素，掌握多媒体技能乃近年来记者意识到的最为重要的自身变量（图 3-4）。在思考融媒时代的新闻生产的新挑战时，记者群体将平均工作时间作为排名第二的变量，紧随其后的是对学历和对新闻传播学训练以及对外语能力的考虑，有趣的是，一方面记者群体认为有无新闻传播学专业的学科背景对从事新闻报道的影响甚小。而另一方面，面对融媒给新闻实践带来的变革，记者群体又十分清晰地表明了对知识的需求，如对学历、外语能力、海外留学经历等，以及并尤其是对新闻传播学学位的向往，这看似悖论，实则透出了记者群体对融媒时代调整个人知识结构和提升职业素养的自我意识。

不过，反过来观之，记者群体对自身技能、知识、教育等方面之重要性日益深切的感知，或许也从某种程度上体现了记者自信心的下降，这在图 3-4揭示的记者眼中对包括其社会角色以及公信力在内的社会地位贬值的认知方面得以印证。

不难看出，图 3-4 的 5 级量表中位于 3 分以上的所有指标都与记者个人

---

① Worlds of Journalism Study：http：//www.worldsofjournalism.org/。

的自身素质或新闻生产的内部生态条件相关，而低于3分的两项（"记者的社会角色"和"记者的公信力"）关乎的则是记者群体在整个社会图谱中对自身定位的现实认知。

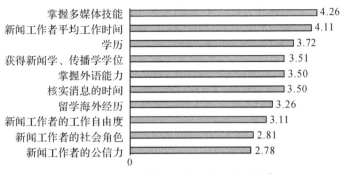

图3-4　记者群体自身因素的变化程度①

如果说，新闻工作者对自身技能、知识、教育等方面之重要性感知日益深切的认识，或是从侧面体现出新闻工作者信心某种程度上的不足，那他们对自身的社会地位和公信力下降的反省，则可能在暗示记者群体已意识到自我效能感（Self Efficacy）的降低。这种描述与稍前言及的记者群体不算太高的职业满意度（自身职业的成就感的均值和职业的社会影响力自我认定的均值分别3.36和3.34）基本上是吻合的。

中国记者群体感知的职业压力感和提升自身素养的紧迫感，在国家级媒体和地级市级媒体记者身上比较明显，而省会级媒体的记者对自身技能或学历、知识等相关变量不甚敏感，省级媒体的记者的相关认知居于二者之间。

相关课题的深度访谈证实，对于记者的学历要求，省会级和地级市级媒体的决策层都明确表示了强烈的期待，因为这些级别的媒体人才的学历构成和高校背景与省级直辖市级媒体以及国家级媒体的新闻人才之间，都有一定的差距。

而对于记者的外语水平，不同媒体级别的记者看法不尽相同，供职媒体级别越高，记者群体认为提升外语水平重要性的人数比例也越高：国家级媒体记者认为近年掌握外语能力提高（包括有些提高和提高很多）的比例是

---

① 丁迈、缑赫、董光宇：《全国广播电视新闻从业者调查报告》，中国发展出版社，2016年。

73.1%，而地级市媒体只有 38.7%（这里不能排除国家级媒体对外交往与合作的机会更多的因素，同理，国家级媒体认为具有海外留学经历很重要的记者比例，大约是省会级你媒体记者的一倍），另外，不同学历的记者在这方面的态度也不一样，中国记者群体中拥有硕士及以上学历的人认为外语重要性提高的比例为 59.4%，高于本科学历（52.8%）和大专及以下学历的记者（45%）。

第三节　记者参与传统媒体与新兴媒体互动

如同社会其他一些职业活动，记者群体的新闻生产实践带有多重属性色彩，这既是传媒生态中关乎政治、经济、社会、文化等因素对媒体作用的结果，也不乏记者本身的学养、经历、社会关系以及价值观或意识形态倾向等的影响。新闻话语生产的性质决定了媒体在既定政治文化框架中为公众及时地、准确地、客观地提供有效的信息服务，同时生产活动的市场利益又要求媒体——无论是主流媒体或是市场化媒体，都必须获得商业利润以换取生存和发展的物质基础。因此，随着传媒生态的变革，记者群体的职业分工必然跟进，因为新闻实践阶段性的经验及其价值感无法成为长久不变的职业优势，作为合作过程，传统媒体和新兴媒体的深度融合事实上也带动了新的社会分工。

近些年来，中国的报刊、电台或电视台等传统媒体纷纷拥抱新兴媒体，在优势互补的同时，从内容、渠道、平台、经营、管理等方面推进媒体融合，这其中，顶层设计的规划痕迹十分明显，但媒体本身的发展意识更为强烈。无论是传统媒体开办的网站，或是开设的微博、微信、微视频和客户端，在新闻报道一线的记者的努力功不可没。

日本媒体证实，中国传统主流媒体的存在感正在"脸书"（Facebook）上提升，在这家拥有全球 16 亿以上用户的社交网站上，中央电视台的"粉丝"数量，已经超过了美国有线电视新闻网（CNN），而《人民日报》的"粉丝"数也超过了美国《纽约时报》①。

---

① 《日本经济新闻》相关报道，转引自环球网，2016 年 5 月 18 日。

事实上，自从互联网进入中国，商业门户网站及其新闻频道开办之日起，就逐渐形成了对传统媒体新闻报道的冲击和挑战，尽管对于网站的新闻工作者而言，纵有行政压力——政府的相关规制明确限制网站的新闻采编权而只有新闻转发权，因此只能充当"新闻搬运工"（Infomediary）的角色；横有主流媒体记者的不公平竞争——有恃而无恐新闻伦理，每遇机会必然绑定主流媒体之名进行采访——连中国总理都曾两度公开调侃这种现象①。不过，网站与新闻内容相关的工作人员（在全国大约有600万之众②）不懈努力，在有限的新闻职业空间里尽量挖掘新闻价值，尤其是在新闻标题制作上猛下功夫（包括一些过分的"标题党"），生生闯出一片天地，反过来让传统媒体的记者反思和创新。这种互动无疑成为融媒深入的推力。

不可否认，在传统媒体和新兴媒体的融合过程中，中国内地还存在一种特殊的现象，即传统媒体的记者实名在市场化媒体或社会化媒体上开博客或发微博，对此至少有三种可能用于解释：或是记者职业行为的自主性较弱（因现行体制束缚的无奈），或是记者本身对表达自由的强烈诉求（政治效能或政治参与愿望），抑或是对新闻职业伦理道德的边界认识模糊（记者的实名为与其供职媒体的社会契约关系所不允许）。

对于记者参与传统媒体与新兴媒体互动所产生的矛盾，政府的相关规制适时做出了调整，2015年11月6日，政府主管传媒的最高行政部门——国家互联网信息办公室与国家新闻出版广电总局中国向首批符合资格的新闻网站③的采编人员发放了记者证，网络记者从此可以"持证上岗"。而在此之前，新闻网站的记者是没有记者证的，这意味着在很多场合新闻网站的记者无法进入现场获得第一手材料，只能靠转载事后传统媒体发布的新闻。如今，各大主流媒体的网络记者，也相对于母体更加独立了。

---

① 2014年3月13日，李克强总理在"两会"结束后，举行中外记者会。《人民日报》记者在提问前介绍自己说"我是《人民日报》、人民网、人民日报法人微博记者"，李克强笑称说"你有三个头衔"……；2016年3月16日，在"两会"记者招待会上，当记者提问后，李克强总理说："我怎么记得去年新华社记者提问不光代表本身，还打了其他头衔，今年只有一个了……"

② 周葆华等：《网络编辑生存大调查》，《网络传播》，2014年第1期。

③ 有人民网、新华网、中国网、国际在线、中国日报网、中国网络电视台、中国青年网、中国经济网、中国台湾网、中国西藏网、光明网、中国广播网、中国新闻网和中青在线等。

在新闻内容生产和分发方面，传统媒体与新兴媒体并无本质的区别，二者的差异无非在于渠道、平台、时效和影响（当然还有经营和管理）等的不同，二者的深度融合无疑有助于令新闻传播速度更快、传播范围更广、传播内容和形式更多元、传播效果更佳，对于公民社会的建设和公共空间的架构均具推进意义。

虽然传统媒体在互联网、移动互联网上不断扩张，而新兴媒体也一再宣扬传统媒体的没落，但实实在在的媒体融合却已初具规模，即便是全球范围内媒体融合的成功案例屈指可数。在中国的媒体融合进程中，除了媒介平台数量增多，记者群体的成员也真实地感受到参与感："硬件变化也直接导致了制作方式的变化，从线性编辑到非线性编辑，现在主要做的还有直播，时效性、互动性更加强。新兴媒体时代新闻记者参与的生产活动是全方位的，需要掌握各种各样的新闻生产技能。"[1]

在参与传统媒体与信息媒体的互动中，记者关心的另一个问题是绩效制度的改革，之前，发稿数量以及采用数量（稿件质量）决定了一个记者绝大部分的经济收益，而今，新闻生产的工作量计算发生了新的变化，越来越多的记者希望将媒介消费中自己生产的内容的分享数量及不同媒介的采用情况，纳入绩效薪酬体系。

在记者积极参与融媒实践的同时，作为具有新闻人和新闻生产经营管理者双重身份的媒体高层也意识到："现在是自媒体时代，一个手机能看全球，这种传输无国界，在这种情况下，如何找准自己的位置，有所为有所不为，十分重要。……近几年网站发展速度较快，我们也做了新媒体的尝试。微信和微博也都在开发和使用，但是电视媒体最核心的价值即公信力还是要保持，因为新媒体在公信力上不如传统媒体，因此我们要回归到我们的核心价值上来，没有公信力媒体不可能存活。"[2]

其实，中国广电媒体的记者群体都明白这样的道理：新兴媒体与传统媒体并非此消彼长的关系，数字互联网媒体的出现也不可能取代传统视听媒体。

---

[1] 《2015 年全国广播电视新闻人才现状调查》课题组在 J 省的深度访谈，2015 年。
[2] 《2015 年全国广播电视新闻人才现状调查》课题组在 H 省的深度访谈，2015 年。

如今，单一媒体的记者相对独立地完成新闻采编任务的传统生产方式，已经不适合融合时代新闻内容的生产与分发要求，而需要借助更为多元的渠道和更为广阔的平台。特别是在中国特殊的社会与政治语境中，媒介话语权的重构有着特殊的意义，这使得主流媒体若愿意尊重新闻传播规律，就必须放下身段，转而以内容为王——以高品质内容为王，以获取更好的传播效益。

这也是为什么当下媒体的发展中坚守新闻真实性、时效性原则，全面准确引导舆论的同时，极力地追求生产回报，通过社会来认可媒体自身的地位和权威的缘由。换言之，在走向市场化的过程中，媒体由传递主流价值，到社会效益和经济效益并重，从不忘初心到将竞相争取消费者作为内在驱动，即媒体通过独家性、显著性和轰动性的新闻内容来实现商业变现，已成为传统媒体与新兴媒体融合发展趋势的一大特点。

为此，记者群体参与传统媒体与新兴媒体的融合与互动，实际上有如下几个具体的努力方向：

首先是对数字编辑技术的掌握。数字技术是新兴媒体崛起的核心因素，在数字技术的基础上，文字、图片、音频、视频、数据、图表等不同介质的素材，都可以实现整合或互动，使得同一内容的多平台传播成为可能，传统媒体生产的内容可以快速在新兴媒体端多元呈现，或者为其他媒体所转载，以此形成联动效应，提高媒体的传播力。借助数字技术打破时空的界限，世界各地因此更紧密的关联起来，新闻信息也得以更高速、更广泛地传播。

其次是对新闻信息资源的深度整合利用。随着新兴媒体的高速发展和普及，以往的信息匮乏问题早已被信息泛滥现象所替代。全球各种媒体每天都极为迅速地向人们提供海量而碎片化的信息，不仅严重分散了公众的注意力，而且还导致社会舆论对世界大势的茫然。因此，在融媒时代，记者对信息进行深度整合与开发，在新闻内容被消费前，对新闻素材进行分类、分层，并提供令人信服的解析，用高品质新闻报道（Quality Journalism）作为竞争力，从而真正提升媒体的影响力和公信力。

最后是对新兴媒体互动优势的占用（Appropriation）。传统媒体利用互联网数字技术，随时了解消费者对新闻内容的反馈，并让其享有更高的参与感，从而借鉴新兴媒体的经验中，整合出既适用于传统媒体、同时也契合当代媒介消费者接受与认知习惯的编辑方针，媒体的引导力将因之而得以有效地改善。

　　凡此种种，中国的媒体融合已上升为国家发展战略的组成，记者群体的认知态度和行为方式的调整或将是战略目标实现的充要条件。

第四章 中国记者的新闻（话语）生产

近现代媒介技术经过近几百年的演进，新闻话语生产中信息的载体及其传播形式也发生了深刻的演进。从原先印刷形态的报章，到后来电子形态的广播、电视，到当今数字形态的网络，再到传统媒体与新兴媒体之间的融合及其导致的新闻生产活动流程的改变与传播活动边界的逐渐模糊化，记者获取消息的渠道、采写与编发新闻的平台不断多样化；新闻生产的时效性大为改观，突发事件的实时报道，更是改写了新闻报道的传统范式，而记者职业对个人专业技能的要求变得更加严苛，在要求记者对新闻事件的反应速度更为迅速的同时，还要求记者在日益缩短的时间里，甚至是在来不及反应的时间里，保持清醒和冷静，并立即对新闻报道的内容进行的专业甄别和解读。

象征着传播活动本质属性的"他者"，也发生了根本性的转变，媒介消费不再是被动地接受传者的信息，而变得更加主动——社会学、政治学、经济学意义上的主动，当新闻从单纯的告知变为分享和对话，成为公民表达政治意愿和诉求的渠道时，新闻过程也成为互动式、参与式的社会建构。

无论中外，传媒生态的变革总是和社会系统内其他一些生态（诸如政治、经济、文化、科技等生态）的变迁紧密关联。新闻话语生产作为传媒组织的最重要的生存理由之一，所履行的历史使命已被赋予了新的内涵。传媒对于社会生活的影响也全方位渗透到各个领域，在增进国家的政治透明度、推进协商式民主方面发挥了日益重要的作用。而与此同时，制约新闻话语生产的因素也在增多。面对这些新的变化，记者群体不由自主地开始反思和重新定位自己的社会角色，以适应新闻价值取向的重大变化，平衡舆论引导、市场竞争、技术革新以及社会共同福祉之间的关系，寻找适合自身生存与职业发展的路径。

因此，观照中国新闻生产方式的沿革，梳理媒体消息来源、报道影响因子和新闻实践中的自主性等方面的新变化，了解记者对新闻价值的认知逻辑及其受信息与传播新技术的驱动等，无疑有助于把握当今中国新闻话语生产的规律、辨析记者群体的发展趋势。

第一节　改革开放以来新闻话语生产方式的演进

自 20 世纪 80 年代开始，伴随着中国广播电视传媒的市场化进程，新闻学界和业界越来越多的有识之士提出了一些有关广播电视新闻节目制作和节目管理方面的新理念，内容生产领域各种新的尝试也日渐增多。

例如，早在廿余年之前，随着广电产业的集团化不断深化，一些广电媒体的新闻生产活动中已经出现了"科组制"与"栏目制片人制度"共存的情形。中央电视台于 1993 年 5 月 1 日开播的新闻性电视栏目《东方时空》不仅是中国内地电视新闻节目管理制度变革的范例，而且还标志着新闻媒体在组织制度上实现了中国的新闻话语生产从传统的纯政治性的宣传管控，转向了兼顾市场经济效益的模式。

在制片人制度实行之前，中国电视媒体新闻话语生产的管理采用的还是办报纸和办广播的传统经验，电视媒体部门多、层次多，新闻生产往往出现各个环节沟通不畅、信息滞后的情况，一线记者、编辑的新闻报道策划选题要经过层层审批，等到在电视荧屏与观众见面时，新闻已成明日黄花。《东方时空》引进国际通用的电视节目制片人管理制度后，中国电视媒体新闻生产在人事权、资金支配权和行政管理权等方面更为灵便，管理机制更加契合传播活动规律，新闻话语的生产环境因此也更为宽松，较之过去，记者群体的主观能动性空前发挥，事业心、归属感和忠诚度明显优化。

在实际的新闻内容生产过程中，电视媒体在宏观层面给新闻栏目设立目标、制定规章和发展计划，由制片人负责具体执行；在微观层面，则定期评估制片人管理的栏目，按照节目收视和社会影响来进行调控，而不具体干预日常新闻生产程序。制片人作为电视新闻栏目的总策划和管理者，不仅要保证节目质量，而且要对新闻栏目的社会效益（制片人承担新闻内容初级把关的职责）和经济效益负责，新闻生产一线的记者主要服从制片人的管理，这些举措无疑进一步契合了新闻传播规律。

中国电视新闻节目实行制片人制度后，最具代表性的中央电视台的《东方时空》和《焦点访谈》引起全国记者群体的普遍关注，这两个栏目的社会化运作机制，尤其是在人事管理方面的突破性进展，更是吸引了众多满怀新闻热情的记者。以《东方时空》为例，栏目组内除了核心成员是来自台内的业务骨干之外，绝大部分的记者和编辑是通过面向社会公开招聘的方式进入媒体的，考评和淘汰机制相对合理。具体而言，人力资源配置由栏目的总制片人统一负责管理，新闻栏目组内激烈的竞争机制、耐心的人才培训、严格的节目质量把关以及对栏目品牌的精心维护等各项充满专业意识的努力，使《东方时空》这档新闻栏目成为媒体人才和新闻资源合理配置并有效利用的典范，同时也成为吸引有志实现自己新闻理想的记者向往的职业空间①。

当然，中国新闻话语生产方式的演进也非一帆风顺，记者群体也曾经历过一些周折。例如，制片人管理制度实行之初的电视新闻节目都不是在黄金时段播出（即使是为人所津津乐道的《东方时空》也不例外）。又如，中央电视台的《新闻调查》（1996 年始与观众见面）作为一档中国并不多见但广受赞誉的调查性新闻栏目，早先在制作时，记者必须权衡政治、经济方面的诸多因素，新闻报道的选题往往是先考虑宣传性，而非新闻性。《新闻调查》自 1996 年诞生以来，经过多年的反复摸索，才找见了新闻专业水平与节目市场因素之间求得平衡的规律，直到 2003 年以后，这档节目才变得成熟而理性，方显调查性新闻报道的真正价值。（不仅在一些重大事件过程中发挥了放大社会效应的功能，而且相对独立的调查活动也逐渐机制化，节目所承担的社会角色随之而发生了变化，其承载的正面导向的报道职责也使之凸显为社会话语场中的一个重要施为主体。）

在广播媒体领域，和电视媒体节目制片人相对应的职位是广播节目制作人。广播媒体在实行制作人管理制度时，充分借鉴了电视台和电影厂的相关经验，以更好地适应广播媒体的产业化和广播制作的市场化。新生的广播节

---

① 徐泓：《不要因为走得太远而忘记为什么出发》，中国人民大学出版社，2013 年。

目制作人取代了中国广播媒体节目生产部门中的科组长的角色，在记者的新闻报道选题、策划、制作和初级审定、以及人力资源、资金支配等方面享有全权。在一些广播媒体，节目制作人权力更大，还兼有节目的广告业务和节目的购销经营权①。在当今融媒时代，广电媒体的新闻话语生产更上层楼，甚至出现了集制作人、主持人、记者等为一身、融新闻直播、娱乐和脱口秀为一体的节目新样态，如中央人民广播电台的《海阳现场秀》，内容生产和经验管理均相对自主、独立，记者自由发挥的空间也似更为宽阔。

近二十年来，中国广电媒体的制片人/制作人制度，已经逐步成为媒体组织内部最普遍、最主要的节目制作与管理形式。而且其后续的发展也更加多样、更加个性化。在这种新闻话语生产的制度性保障下，中国记者群体的职业活动更加朝向对新闻传播规律的尊重。然而，如同法国谚语所云："凡是奖牌都有正反面"，在中国新闻生产方式的变迁以及实行节目制片人/制作人管理制度的过程中，记者群体也遭遇了不同层面的问题。

首先是媒体的组织文化问题，虽然制片人/制作人制度相对简化了原有的内容审批行政层级环节，但是，既有的"官本位"意识的基因仍然遗留在行政办事风格中，因之往往就造成了媒体各个部门原则上相对独立，互不干涉，但实际上职能界定模糊不清的现象，成为掣肘记者群体从事新闻话语生产活动中发挥才华的因素。

其次是媒体优势分散问题，在以制片人/制作人为中心的节目生产过程中，不同的栏目独立运作，各自努力，新闻采编人员只向制片人/制作人负责，各个栏目受到的干预、干扰相对较少，发展也相对顺利一些，但不同栏目的优化并不意味整个媒体组织的优化（这也符合系统论的观点——子系统的最佳化未必意味着整个系统的最佳化）。换言之，记者群体在媒体的内部优势、尤其是信息优势的开发方面，难以借助各个栏目来进行整合与统一调配，规模效应因此难以形成，媒体整体协同也无法实现，何况，栏目之间的沟通不顺有时还难免会导致内容同质化，这显然同融媒时代的分享、合作理念背道而驰。

---

① 张月明：《广播节目制作人的职能探索》，《现代传播》，2006 年第 6 期。

再者是人力资源浪费的问题，由于每个栏目组各自为政，因此，几乎每组都各有自己的行政、财务和后勤保障等一套人马，暂且不论人事重复设置的弊端，就连记者专业才能的发挥也被限制在一定狭窄的空间内，这与媒体融合所要求的打破部门之间的壁垒、增进合作的趋势极不相符。在融媒语境中，重新改良庞杂的人事配置，为记者提供更多的拓展机会，成为许多传媒领袖关切的当务之急。

最后是记者聘用机制和评价体系有欠公允，中国媒体当前的人事聘用有不同的机制，除了极少数"旱涝保收"的"台聘"事业编制（"体制内"的记者）之外，其余少部分记者属于"企聘"（即由电台/电视台出面委托劳务公司代签聘用合同）和多数的"外协"（即由栏目组出面委托劳务公司代签聘用合同）等形式，亦即"台聘"和"企聘"是台里的正规军，而"外协"则是"游击队"——在体制内工作的"体制外"人员。在新闻话语生产活动中，不同形式聘用的记者享有不同的权利和劳动保障（包括薪酬和福利待遇），故彼此之间的竞争和冲突也就难以避免，记者新闻实践的主观能动性不免受到影响，媒体这种多重的职业待遇可能也会对记者本身的角色认知和身份认同带来负面冲击。

平心而论，在短短廿余年间，作为社会子系统的传媒业，其内外边界的划分均发生了变化。媒体市场化改革至今，记者群体内部逐渐形成了一整套专业话语体系，关乎新闻实践的工作流程、专业术语、职业理念、新闻价值判断乃至意识形态考量等诸多方面。尽管对这套话语体系的认知，可能会因为媒介类型、媒体级别、地理位置、经济水平、文化氛围或劳务合同等的不同而存在一些差异性，但面对媒体的政治、经济和技术之间博弈的相互对抗、彼此牵制的互动，记者的新闻专业实践似乎更容易找到平衡点。

随着信息与传播新技术的勃兴，传播主体日益多元，传统媒体新闻传播的边界也变得不再明晰。主流话语者的传播权力越来越转向过去被称之为受众、而今成为实实在在的媒介消费者，其中的一部分成为拥有自媒体、能够进行新闻信息整合，并且做到有规律地推送的社会群体，他们不断蚕食曾经被专业记者垄断的报道空间，直接而果断地挑战专业记者群体的话语权威，在奉点击率为圭臬的互联网文化的同时，不断扩张，而在此过程中，促使专业记者的行动更加按新兴媒体发展规律行事的压力也与日俱增。

总而言之,在当今的融媒时代,中国记者新闻话语生产方式的变化,主要集中体现在消息来源变迁、影响因子多元和自我审查意识增强等方面。容接下来,分而论之。

1. 互联网成为首要消息来源

自从 1994 年中国接入国际互联网之后,传统媒体就已经开始逐步拥抱互联网,媒体融合在技术形态、组织形态以及采编技巧和叙事形态等方面的初步探索,或者说是互联网与传统媒体之间的互动,也是从那时候就开始起步,并迅速对新闻内容的生产、发布、流通带来了诸多影响,中国内地记者群体的新闻来源已经有了更大的开放性和多样性。在互联网进入中国还不到廿年的时间的 2010 年,记者对互联网和爆料热线/平台的依赖程度,已经是各类消息来源中重要性评价最高的信源,其次才是"条线"和"部门领导指派"[1]。

如果说传统新闻学认为包括新闻发布会、记者招待会和情况通报会等形式在内的吹风会(Briefings)是媒体重要的消息来源、通讯社的各类稿件是可靠的消息来源,而网络媒体推送的信息是迅捷的消息来源,那如今互联网已经跃升为媒体首要的信源之地位,将之作为最重要消息来源的记者比例(64.6%)超过了传统媒体信源(60.0%),而且遥遥领先于诸如新闻发布会或新闻通讯社的传统官方信源。至于"跑街"这一传统的获取信息的方式,占比仅为 14%。[2]

1) 新闻信源的层级结构

我们还可以从媒体级别出发,大致勾勒出中国广电媒体的新闻素材来源格局。例如,较之其他级别的媒体,供职国家级媒体的记者更多地倾向于官方消息来源或公关性活动(即一些新闻发布会):有将近半数的国家级媒体的

---

① 夏倩芳、王艳:《"风险规避"逻辑下的新闻报道常规——对国内媒体社会冲突性议题采编流程的分析》,《新闻与传播研究》,2012 年第 4 期。

② 丁迈、缑赫、董光宇:《全国广播电视新闻从业者调查报告》,中国发展出版社,2016 年。

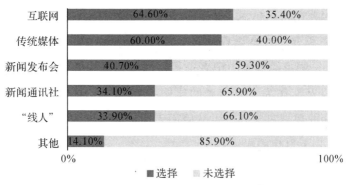

图 4-1　选择主要新闻来源的比例[1]

记者（49.4%）选择新闻发布会作为主要消息来源；省级直辖市级和省会级两类广电媒体的比例相近，都在 41% 左右，而地级市广电媒体中的相关比例仅有 27.2%。

新闻通讯社发布的消息往往是官方信息进入媒体流通渠道的一个关键环节。国家级广电媒体的记者选择新闻通讯社作为主要消息来源的比例远远超过了其他级别的媒体，达到 51.4%，与之相比，依赖通讯社作为消息来源的记者，在省级直辖市级广电媒体中为 34.3%，省会级电台/电视台中为 27.6%，地级市电台/电视台中仅为 24.3%。可见，供职不同级别媒体的记者群体对于通讯社和新闻发布会的偏好与信任度对堪正好呈现负相关关系。

就相关选项而言，国家级媒体中将"传统媒体"作为主要信源的记者人数占比 48.6%，不及半数；地级市媒体则为 54.5%；而省级直辖市媒体和省会台选择该项作为主要信源的受访者的比例都超过了 60%[2]。

另外，国家级媒体的记者使用互联网作为主要信源的比例最高，达到了 71.1%；省级直辖市级媒体和省会级媒体比例相近，都在 63% 左右，而地级市级媒体仅有 56.7%。

对于"线人"（Fixer、Stranger）和"跑街"这类记者原始而有效，但需亲历亲为的消息来源方面，地级市级媒体的记者更为在意，有相对更多的记者选择了"线人"（47.5%）与"跑街"（23.8%），省级直辖市级媒体和省

① 丁迈、缑赫、董光宇：《全国广播电视新闻从业者调查报告》，中国发展出版社，2016 年。
② 同①。

会级媒体的记者在这一信源上的比例相近，大约都在32%左右；在"跑街"这一项消息来源上，省会级媒体记者的比例为13.7%，省级直辖市媒体为11.9%。此外，国家级媒体的记者选择这两项作为主要信源的比例都是最低的，选择"线人"作为主要信源的比例为22.5%，而选择"跑街"的仅为7%[①]。这方面的数据对比或许也从侧面表明，如今供职国家级媒体的记者的"新闻腿"出现了退化的症候。

从以上数据图景及其分析中，可以清楚地看到，中国（内体）媒体和记者并没有像国际同行那样，将新闻通讯社作为首选信源（即使占比最高的国家级媒体也仅有略过半数的记者将通讯社作为主要信源）。更愿意将互联网作为首要信源的，国家级媒体记者占比71%，名列首位。国外新闻学界和业界以调侃的口吻称这类记者是"将自己焊在了电脑前"，现今国家级媒体的记者对于传统的信源（"线人"和"跑街"）的轻视，与基层媒体的记者对于新闻传统的继承，形成了鲜明的反差；而基于市场竞争的考量，各级媒体的记者都不太愿意从同行那里获取信息。

2) 互联网信源的可靠性认知较低

有意思的悖论性现象还在于，一方面，互联网已是中国记者最为重要的信息来源；另一方面，他们对互联网信息的可靠性评价却是以上所有信源中最低的，相对于可靠性最高的信源——新闻通讯社（均值达4.51），中国记者群体对互联网可信度的评价均值仅为2.76（图4-2）。

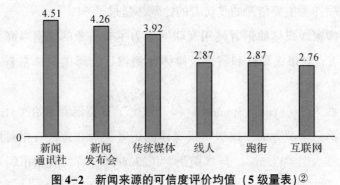

图4-2　新闻来源的可信度评价均值（5级量表）[②]

---

① 丁迈、缑赫、董光宇：《全国广播电视新闻从业者调查报告》，中国发展出版社，2016年。
② 同①。

　　其他的两项相关的研究成果也印证了上述现象：一是 2010 年时，仅有一成左右的记者认为网上获得的信息是真实可信的，超过五成的人对网络信息的真实性持否定态度①；二是 2016 年，八成余记者情愿信任官方信源②。

　　中国记者对各类信源的可靠性评价，也会随着某些变量如学历以及媒体级别的不同而出现差异。例如，大专及以下学历的记者对于正式新闻来源（新闻通讯社、新闻发布会）的信任程度，都低于本科及以上教育背景的记者（$p<0.05$）；与之相应，硕士及以上记者群体对于民间新闻来源（"线人"与"跑街"）的信任水平，则都低于本科及以下教育背景的记者（$p<0.05$）③。在"线人"这项信源中（5 级量表），大专及以下学历的记者的评价均值（2.93）高于硕士及以上学历记者的评价（2.67）；在"跑街"这一项中，各个学历的受访者之间的差异更加明显，其中大专及以下学历记者的评价最高（3.15），而硕士及以上学历记者的均值仅为 2.69④。再如，根据从业年龄来看，新晋记者（从业 5 年以下）对于某些正式信源的信任水平也与其他群体之间有明显的差异⑤，特别是在新闻发布会这一项中，新晋记者的可信度评估均值为 4.46，明显高出其他群体（整体均值为 4.27）⑥。此外，记者是否持有国家新闻出版广电总局颁发的记者证，也会对某些信源的评价有所差异。

　　再从媒体级别来看，除了"传统媒体"作为信源这一项之外，各级媒体对其他信源的信任度评价都具有统计学意义上的差异，特别是地方性媒体尤为明显。例如，省会级媒体的记者对于新闻通讯社和新闻发布会信源的信任度（5 级量表）都比其他媒体更低，分别是 4.36 和 4.10（整体均值分别为 4.51 和 4.26），而在"跑街"这一项的信任度评价均值则最高，为 3.08（整体均值为 2.87）。在"互联网"和"线人"这两类信源的信任度方面，地级

---

　　①　夏倩芳，王艳：《"风险规避"逻辑下的新闻报道常规——对国内媒体社会冲突性议题采编流程的分析》，《新闻与传播研究》，2012 年第 4 期。

　　②　美通社：《2016 中国记者职业生存状态与工作习惯》调查报告，2016/1/26，http://www. pr-nasia. com/story/141491-1. shtml。

　　③　二次分析结果，丁迈、缑赫、董光宇：《全国广播电视新闻从业者调查报告》，中国发展出版社，2016 年。

　　④　同③。

　　⑤　同③。

　　⑥　同③。

市级媒体记者的评价相对更高，分别是 2.93 和 2.99（整体均值分别为 2.76 和 2.85）。与之相较，国家级媒体和省级直辖市级媒体对新闻通讯社和新闻发布会的信任度评估差距不大，也都比其他级别媒体相对更高一些。但是，国家级媒体的记者对"互联网"以及"跑街"这两项的信任度评价均值仅为 2.70 和 2.49，是所有级别媒体中最低的①。

3）互联网信源的内涵变化

需要注意的是，以上数据分析中的"互联网"信源的界定还较为模糊，因为中国记者群体意识中作为信源的"互联网"，或仍多为市场化媒体网站和社会化媒体网站的指代。其实，互联网上也有诸多来自官方的消息，例如，传统媒体的官网和政府部门开设的官网等，特别是自 2013 年，政府下发了指令性行政文件之后②，中国内地各级党政机构以及官方组织等都加快了各自互联网网站的建设，政治信息和行政信息的透明度大为提高，为记者群体的新闻实践提供了优质的信源（以移动互联网应用的实例——微信来说，截至 2014 年年底，全国政务微信总量已超过 4 万个，覆盖了全国 31 个省、自治区、直辖市的党政部门、直属事业单位和社会团体③）。

为了进一步了解记者群体心目中的互联网信源概念，诸如记者所访问的网站类型、使用频率较高的平台及其相应的信任度，一项相关研究提供了可资参考的数据④：记者获取新闻线索最常使用的渠道与工具，依次分别是即时通讯工具（55.2%）、门户/行业网站（52.5%）、社交网站（50.8%），接下来是电子邮件（47.2%）与线下活动/发布会（43.5%）。近四成的记者经常使用手机新闻客户端来获取新闻线索或报道信息。此外，有 68.8% 的记者表示，在工作中使用社会化媒体的首要目的，是关注突发热点新闻，其次是为

---

① 二次分析结果，丁迈、缑赫、董光宇：《全国广播电视新闻从业者调查报告》，中国发展出版社，2016 年。

② 国务院办公厅文件《关于进一步加强政府信息公开回应社会关切提升政府公信力的意见》，2013 年。

③ 转引自：张志安、罗雪圆：《政务微信的扩散路径研究——以广东省市级以上政务微信为例》，《新闻与写作》，2015 年第 7 期。

④ 美通社：《2016 中国记者职业生存状态与工作习惯》调查报告，2016/1/26，http://www.pr-nasia.com/story/141491-1.shtml。

了跟踪关注领域对象所发布的信息（54.6%），近半数的记者选择了选题线索相关的信息搜寻与挖掘。值得新闻业界和学界警惕的是，以"用户个性化服务"为名的内容定向推送日渐增多的现象，这类"服务"对于一些信息的遮蔽，对于过度依赖及时通讯平台，并将之视作主要消息来源的记者群体有可能造成不利影响，信息的多元性和记者的视野或因此发生非正向变化。

在信息真实性未经检验证实的情况下，记者对于微博、微信等社交媒体以及搜索引擎检索出的信息的信任度，远远低于来自企业官方账号等注明出处或署名的内容①（由此也可以看出，在记者眼中，主流媒体、记者的署名报道或权威机构发布信息的信任度，远远高于匿名者或化名者提供的信息）。

借用数字鸿沟假说的观点，互联网的非均衡发展现状不只体现于互联网信息的准入环节，还包括不同社会群体以及不同人口区段如何使用网络的细节。在互联网这个"数字宇宙"中，的确存在虚假信息泛滥的现象。如果互联网已经成为新闻工作者的首要信息来源，那么，尽管可以有"事实核查"（Fact-checking）之类的方法或软件的技术相辅佐，记者群体核实信息的工作量（从寻找信源开始，到核实信源和交叉比对信息真伪）仍可能比过去增加许多，新闻生产的竞争也会因此而更加激烈，互联网短短二十余年的发展及其对社会生活全方位的介入，但在多大程度上映射出社会现实？它对当今人类的信息认知和媒介消费等方面的改变究竟会带来什么结果？新闻工作者对互联网的过度关注，是否在放大了一个议题的同时，又遮蔽了其他的问题？将互联网作为主要信息来源是否会使报道失去平衡？对这一系列问题做出回答，要求记者进一步提升自身的媒介素养和专业技能，而且也值得新闻传播学界、业界思考和研究。

4）互联网时代的新闻生产去中心化

在全球范围内，公民通过博客/微博、社会化媒体、自媒体以及用户生成内容等形式，在数字与网络平台上通过分享信息和促进对话，积极参与社会生活，挑战和冲击专业新闻生产，并与之展开互动，已逐渐常态化，记者以往在新闻生产领域享有的报道垄断权不断消解。随着信息与传播新技术的普

---

① 美通社：《2016 中国记者职业生存状态与工作习惯》调查报告，2016/1/26，http：//www. pr-nasia. com/story/141491-1. shtml。

及，话语权越来越多地转移至传统意义上的受众——被市场量化的公众，以及以某种人口类别特征暴露在媒介面前的选民手中，被专业记者视为外行的"业余"记者作为自主的叙事主体，史无前例地、随心所欲地出现在互联网建构的公共场域，以可见的方式积极参与到新闻生产的过程中。

也正因为如此，当今时代的新闻生产在很大程度上已经无法回避公民记者的平行叙事，何况，记者也需要关注这种叙事，因为这至少可以在有限的条件下了解公共舆论。从目前来看，互联网舆情或是反映社会民意最便捷的渠道，尽管它或因注意力经济、信息过滤、社会心理等方面因素的制约而无法全然反映真实的公共舆论。

由此而论，一些认为网络媒体"扼杀"传统媒体的观点，不仅忘却了媒介的不可替代性，而且更忽略了数字语境下新闻生产过程中行为主体发挥能动性的现实。与其说互联网"唱衰"传统的新闻媒体，不如说它正以一种独特的互动方式参与专业的新闻生产。以往，新闻生产活动往往只发生于媒体的新闻信息采集、编辑及播发部门，如今，记者群体在新闻话语生产中，选择、整合、重构从网络世界和网外世界的信息，再以多样的形式生成新闻产品或其他内容产品，将之输送到媒介消费者手中，同时，记者群体在这个过程中，也通过社会网络（网上、网下）的互动反馈，及时调整，力求提供精准的服务，在连续而快速的迭代中完善产品。

目前，中国（内地）记者群体面临的话语格局以官方背景媒体为核心的主流舆论场与以公众为代表的民间舆论场的并存为特点，两个舆论场域之间有相对独立的部分，也有彼此重叠的部分，即有主张不一，甚至相互冲突的情形，也有倾向性相似或相近之处。

在此语境中，中国记者的社会实践也受到全球新闻生产新形式——"辫子式新闻报道"（Braided Journalism）① 等的影响，这一媒体融合现象特征在于由传统媒体的专业记者、公民记者和社会化媒体等三缕发束式的报道力量相互交融、彼此缠绕编织在一起，来完成新闻内容的生产和分发。中国语境中新兴的"辫子式新闻报道"，则是以国家意识形态主导的主流媒体（专业记

---

① Israel, S.（2009）. *Twitterville: How businesses can thrive in the new global neighborhoods*. Penguin.

者采写、编发新闻，并通过媒介消费而维系生机）、网民——"公民记者"（虽然是新闻职业实践的外行，但触角广布，信息迅捷且又免费提供，强化了分享理念）和社会化媒体（原本是人们的沟通平台，但结合了专业记者和公民记者的叙事）三者的互动，如此，新闻话语生产从消息来源到叙事的组织，再到报道的协同互动，全然更新。

浙江电视台创办的新闻评论栏目《新闻深一度》就是公民参与式新闻和"辫子式新闻报道"的范例。这一全国首创的调查新闻栏目开播于 2010 年 8 月，在样态上，由记者、专家和网民一同参与新闻话语生产。每期节目聚焦社会热点话题调查，记者邀请专家和政府官员作为嘉宾在新闻节目演播室，一道回应主题，评论新闻，同时，在网络数字技术的助力下，通过栏目的网络视讯平台，让在家中收看这一节目的公众用观点实时互动的方式，直接参与节目。《新闻深一度》创办以来，来自中国 30 个省/自治区主要城市各行各业的网络草根博主或时评人，成为栏目的网络公众评论员，他们既为节目提供了新鲜的新闻素材，也贡献和分享了多元的思想观点，从而体现了普通公民在新闻场域中的话语权。

显然，现今的传统媒体虽仍拥有丰富而强大的资源，但在网络时代也不再可能如以往一般垄断信息的占有权、公开权和阐释权了。信息与传播新技术给社会生活造成的影响和带来的变化，主要在于非专业记者的公民参与到新闻生产和新闻流通的过程中。简言之，在信息与传播新技术为基础的互联网时代，媒介内容生产者和消费者的权力发生了转变，专业记者的新闻话语生产出现了被动地"去中心化"的趋势，媒介消费者同时也成为内容的生产者和分配者，消费者主权逐渐形成。

随着网络数字技术的不断成熟和普及，记者的新闻生产实践与互联网的结合也日益密切，以互联网消费目的而论，绝大多数记者使用互联网与新闻生产有关，以获取新闻和检索信息为目的的互联网使用分别占比 96.4% 和 87.5%[①]。记者群体本身消费网络的时间也令人瞩目。如今，每周上网时长在"25 小时以上"的广播电视媒体记者占比 40.7%，而且还呈现出如后特点：一是年龄与上网时长呈反比（即年轻记者较年记者的上网时间长）；二是高学

---

① 丁迈、缑赫、董光宇：《全国广播电视新闻从业者调查报告》，中国发展出版社，2016 年。

历记者的上网时长在整体上高于低学历记者；三是收入较高的记者上网时长超过收入相对较低的记者。

然而，信息与传播新技术以及基于互联网平台的社会力量对记者新闻生产活动产生的影响究竟如何？对于作为一种职业共同体的专业记者，又怎样面对新兴媒体与传统媒体的融合？这些都已成为新闻学界和业界思考、讨论和争辩并迫切希望获得答案的现实问题。

一个不争的事实出现在人们面前：当社会化媒体进入记者群体的日常工作，新闻话语生产的整个流程都发生了变化。新闻报道从后台封闭操作转向透明化的分享与协作，生产主体从记者主导转向多元参与，消息来源变得更加丰富，记者群体可以通过的信息交互以及数据分析挖掘新闻，新闻报道机制从传统的单次刊发转向循环报道，传播效果则从单一媒介的影响力演变为跨界多媒体推广和媒介消费者直接参与的互动。在调查性新闻报道实践中，专业记者不但使用互联网搜索信息和寻找线索，而且还用之来扩展社会关系网络。相关调查结果证实，记者选择"使用搜索引擎来获得动态和背景材料"的均值最高，达到8.45（10级量表）；其次是使用网络论坛来寻找报道线索（均值=7.20）、使用QQ或MSN来寻求采访帮助（均值=6.60）、使用QQ或MSN来扩大自己的社会关系（均值=6.52）[①]。

类似的调查也发现，纸媒及其网站的记者在使用互联网获取信息方面呈现出较高的频率，他们使用互联网最主要的目的在于寻找新闻线索、查找报道背景资料和获取报道的相关数据。

总而言之，信息与传播新技术的突飞猛进带给当下记者的新闻话语生产以技术赋权的深意，传受双方关系的话语权力发生变化的背后，还有更为深远而重大的政治意义。网络数字技术以下四个方面的积极效应，表现了记者群体的新闻生产活动的新常态：

1）搭建传播新平台

将时空分散的个体（包括涉事者、公众、记者以及其他相关行为者）关

---

① 吴涛、张志安：《调查记者的微博使用及其职业影响研究》，《中国地质大学学报（社会科学版）》，2015年7月，第15卷第4期。

联在一起。因而，记者的消息来源或从筛选、梳理、线人报料等，转向定制、接近、主动求援。①

2）设置媒体议程

在短时间内迅捷地触发一个事件进入议题化过程，迫使相关责任人提供解释，同时扩大传播影响，强化媒体议程、公众议程和政策议程之间的互动建构。

3）形成传播协同力

引发网上网下联动参与式的跟进报道，尤其是当某些社会问题因其固有的地方政治、经济等色彩，而难以完全通过当地媒体揭露时，位于其他地域的记者同行有望发挥协同报道能力②，共同为推进社会民主化进程而努力。

4）增加社会生活的透明度

为了数字技术的长足进步不仅促进了不同的叙事主体对新闻内容提供多元化的阐释，而且还令到达公众的渠道的可能性胜于以往。

以上四点归纳分析或带有乐观的，甚或某种程度乌托邦的色彩，但是，在日常的新闻生产实践中，记者使用互联网或社交媒体的目的，有别于普通网民，主要是为了提升报道工作效率。随着信息获得更加便利，加之互联网上还充斥着大量碎片化的、相互矛盾的、真假相间的信息，记者也可能会更容易"失察"甚至"不察"。况且，在"粉丝经济"驱动下，一些网络媒体为了关注度计而不惜利用互联网病毒式传播的特点，在网络新闻中使用"标题党"等煽情手段博取点击率，而相关的绩效考核也多以点击量、转载率、用户评价等作为参数，这种市场导向胁迫记者的内容生产不断冲击、突破底线，并使得互联网传播理性备受质疑。因此，记者群体对于虚假新闻与网络千丝万缕的联系置若罔闻，有两种解释：一是纯粹因专业素养有待提高之故；二是基于商业效益考虑而有意规避信源及信息内容的核实而进行煽情、炒作，如果说，前者尚可谅解的话，后者则属于新闻职业伦理道德层面滑坡的严重问题，值得深刻反思和检讨。

---

① 吴涛、张志安：《调查记者的微博使用及其职业影响研究》，《中国地质大学学报（社会科学版）》，2015年7月，第15卷第4期。

② 张志安、沈菲：《中国调查记者行业生态报告》，《现代传播》，2011年第10期。吴涛、张志安：《调查记者的微博使用及其职业影响研究》，《中国地质大学学报（社会科学版）》，2015年7月，第15卷第4期。

简言之，面对信息与传播新技术不断挑战新闻生产的现实，如果记者群体不假甄别地将互联网传播的信息当作新闻报道可靠的消息来源，那么媒体的新闻生产出现失实新闻和虚假新闻现象就是不可避免的。

2. 影响报道的多元因子

记者群体在参与新闻生产活动的过程中，既和媒体一样，承受着多重压力，也受自身专业素养的局限和伦理道德的制约。探索影响记者新闻报道的因子，有助于更加具体地观察新闻生产活动的规律。基于实证的方式，从多维度来探索对新闻生产带来政治性、经济性以及专业性、社会性等影响的因子，或许可以从中窥视记者群体的职业行为的现实逻辑。

1）影响新闻生产的内在因子

为了更好地分析解影响新闻话语生产的不同因素及其程度，我们综合考虑了中国本土的媒介生态现状及其政治、经济、组织、个体、社会关系等层面，以及记者群体的新闻理念和新闻生产操作。如果以叙述方便计，可将不同的影响因子分为媒体内在（图4-3）和媒体外在（图4-4）两类，以分别呈现影响的具体结果。

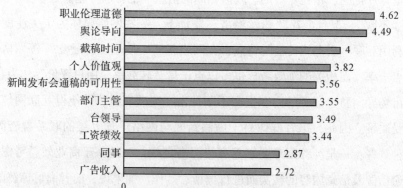

图4-3　媒体内在因子对新闻生产影响程度的评估均值（5级量表）①

图4-3的排列非常直观地表征了影响记者群体新闻实践的媒体内在因子，按分值高低排在前面的四项，不仅与记者的个人修养或行业规范（"职业伦理

①　作者制图，数据源自丁迈、缑赫、董光宇：《全国广播电视新闻从业者调查报告》，中国发展出版社，2016年。

道德"）、个人行为决定性的心理基础（"个人价值观"）有关，也有在政治性维度和专业性维度的刚需（"舆论导向"和"截稿时间"），而"新闻发布会通稿的可用性"则可以理解为对来自官方信源的社会性认知，因为其中既有政治性维度的信息，也不乏针对媒体展开公关的经济性维度的信息，这两种维度的信息都具有共同的终极目标，即力图操控记者和媒体。

本书前面曾言及，记者在个体福利回报方面的不满即便较为突出，但他们似乎并未将这种不满情绪带进作为职业活动的新闻话语生产，这也多少体现了中国记者群体的基本专业素养，这种评价通过组织管理方面的影响因子（"部门主管""台领导"等）程度上弱于以上因子得以验证。也正因为如此，在记者眼中，所从事的新闻话语生产受"工资绩效"的影响逊于"部门主管"和"台领导"的影响，而"同事"和"广告收入"也只是属于"不太影响"和"有些影响"之间。

而在学术研究层面，记者新闻生产的内在因子大致可以分为四类，即组织映射（台领导、部门领导和同事）、经济映射（工资绩效、广告收入）、专业映射（截稿时间、通稿可用性、舆论导向）和心理映射（个人价值观、职业伦理道德）[①]。

2）影响新闻生产的外在因子

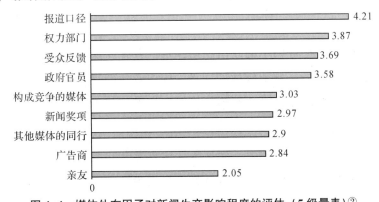

图4-4　媒体外在因子对新闻生产影响程度的评估（5级量表）[②]

---

① 参见丁迈、缑赫、董光宇：《全国广播电视新闻从业者调查报告》中相应的因子分析过程，中国发展出版社，2016年。

② 作者制图，数据源自丁迈、缑赫、董光宇：《全国广播电视新闻从业者调查报告》，中国发展出版社，2016年。

外在因子或也可分成两类映射，分别是"竞争映射"（其他媒体的同行、构成竞争的媒体、新闻奖项、广告商、亲友和受众反馈）和"政治映射"（权力部门、政府官员与报道口径)①。

具体而言，位居首列的是"报道口径"，其影响映射深度高达4.21，其次是"权力部门"（3.87），值得注意的是，"受众反馈"因子居然排在了"政府官员"之前。可见，对记者的新闻生产带来更高影响的应是来自意识形态及其主管部门，而除此之外的政府官员的影响还不及受众；比较图4-3中内在因子对新闻生产的影响，在记者眼中，"政府官员"所带来的影响高过了台领导和部门主管，但却都低于"职业伦理道德"和"舆论导向"，这一实情多少也给时常愿意对媒体和记者的报道指手画脚的官员们一点启示——记者具有其自身的职业判断和价值取向。另外，记者群体新闻实践的外在影响因子中，带有竞争性的因子（"构成竞争的媒体""新闻奖项""其他媒体同行"等）均不如政治性因子的影响那么强烈。而且，从整体上来看，"广告商"似乎也未能对新闻生产造成明显的影响。

3）各类映射对新闻生产的影响

总体来看，包括个人价值观和职业伦理道德因子在内的心理映射、包括截稿时间、通稿可用性、舆论导向等因子的专业映射，以及包括权力部门、政府官员与报道口径等因子的政治映射，是记者感受最为深刻的，因此分值亦相对最高，而包括了其他媒体的同行、构成竞争的媒体、新闻奖项、广告商、亲友和受众反馈等因子的竞争映射以及关乎工资收入、广告收入等因子的经济映射的分值最低。

除了与专业映射相关的因子无甚统计学意义上的差异外，记者群体对于新闻生产过程中遇到的影响因子的认知，会因为性别、持有记者证与否、受过高等教育新闻传播专业训练、个人学历、专业职称以及供职媒体级别等的不同而存在一定的差异性（表4-1）。

---

① 参见因子分析过程，数据源自丁迈、缑赫、董光宇：《全国广播电视新闻从业者调查报告》，中国发展出版社，2016年。

表 4-1 各类变量在不同因素上的差异（5 级量表）①

		价值观	政治性	组织	经济	竞争与反馈
性别	男	4.18*	3.99***	3.36*	3.16*	2.96*
	女	4.26*	3.79***	3.24*	3.00*	2.86*
有无记者证	有	n.s.	n.s.	n.s.	3.00***	2.87*
	无				3.30***	3.00*
是否新传专业	是	n.s.	n.s.	n.s.	3.15*	n.s.
	否				3.00*	
学历	大专及以下	3.89***	n.s.	n.s.	3.26*	3.16**
	本科	4.27***			3.12*	2.90*
	硕士及以上	4.13***			2.87*	2.84**
职称	尚未评定	n.s.	n.s.	n.s.	3.18*	n.s.
	初级				3.15*	
	中级				2.99*	
	高级				2.87*	
媒体级别	国家级	n.s.	n.s.	n.s.	2.44***	2.54***
	省/直辖市级				2.99***	2.87***
	省会级				3.40***	3.10***
	地级市级				3.28***	2.91***

n.s. =未呈现显著性；*：p<0.05；**：p<0.01；***：p<0.001

　　例如，"性别"这一人口学因素，是相关认知上差异最大的一项类别，其中，男性在组织映射、经济映射、竞争映射和政治映射等方面的考虑都多于女性，特别是在政治映射上，男性的均值高出女性均值 0.2；而女性则只在"价值观"考量方面的分值略高于男性（两者在绝对水平上都非常重视价值观因素）。②

　　此外，"有无记者证"这一记者群体的区别项在对各类影响因子的判断方面的差异性，体现在经济因子和竞争与反馈因子上，经济因子尤为明显，媒体中没有记者证的新闻采编人员均值比持证记者高出 0.30，仅此一点或即已

① 作者制表，部分数据为二次分析的结果，数据来自丁迈、缑赫、董光宇：《全国广播电视新闻从业者调查报告》，中国发展出版社，2016 年。

② 男性和女性在绝对水平上都很重视"价值观因素"，参见丁迈、缑赫、董光宇：《全国广播电视新闻从业者调查报告》，中国发展出版社，2016 年。

体现了月薪上的差异。具体而言，超过半数（56%）的没有记者证的新闻传播人员的月收入低于 5000 元，而持有记者证的新闻从业人员这一指标的相应比例则仅有 31.2%①。但是，应特别需要注意的是，"是否持有记者证"还取决于记者证申领资格、个人持证愿望等其他一些因素：根据 2009 年修订的中国《新闻记者证管理办法》，媒体中领取新闻记者证的人员须同时具备下列条件：（一）遵守国家法律、法规和新闻工作者职业道德；（二）具备大学专科以上学历并获得国务院有关部门认定的新闻采编从业资格；（三）在新闻机构编制内从事新闻采编工作的人员，或者经新闻机构正式聘用从事新闻采编岗位工作且具有一年以上新闻采编工作经历的人员，因此，没有持记者证的新闻采编人员之所以工资较低，也可能是因为从业时间较短的因素。此外，还有一个客观原因也不容忽视，即中国记者证在新闻生产过程中实际效用并不理想，具体的新闻采访活动中，媒体出具的采访介绍信往往比记者证还有效，因此在换发新证的行政手续以及相关培训和考核的具体要求，令不少已持证的记者对换领新证望而却步，例如，2013 年国家新闻出版广电总局发布《关于开展新闻采编人员岗位培训的通知》，规定在 2014 年全国统一换发新版新闻记者证之前，对全国新闻单位的采编人员开展岗位培训和考核，报刊、通讯社、广播电台、电视台、新闻电影制片厂、中央重点新闻网站等新闻单位的所有采编岗位人员（含持新闻记者证的记者和未持证的采编人员），除了具有新闻、播音主持等相关专业副高级职称及以上人员和新闻机构派驻境外工作的人员可以申请免考外，均需参加培训和考核，培训内容包括"中国特色社会主义""马克思主义新闻观""新闻伦理""新闻法规""新闻采编规范"和"防止虚假新闻"等 6 个专题以及中国主要新闻法规规章以及新闻单位管理规范，虽然培训内容现实性很强，总学时也并不算多（不少于 18 小时），对于尚未持证的媒体新闻采编人员或很重要，但对于换证的记者而言毕竟需要付出努力去申领一张实际效用不高的记者证，的确会有些问题。

至于新闻传播专业毕业的教育背景对新闻生产影响的认知，仅有与"经

---

① 二次分析结果，数据源自丁迈、缑赫、董光宇：《全国广播电视新闻从业者调查报告》，中国发展出版社，2016 年。

济因子"交叉时才出现了统计学意义的较为明显的差异，这或许因为而拥有新闻传播专业教育背景的记者，比没有同样专业教育背景的记者更在意作为劳动回报的"经济映射"。如果基于学历的交叉比对，大专及以下学历的记者更多考虑"经济映射"和"竞争映射"，本科生学历的记者相对更重视"组织映射"、"心理映射"可能产生的影响，而硕士及以上学历的记者在新闻生产中相对更少考虑"经济映射"及"竞争映射"①。

供职不同级别媒体的记者群体在统计意义上具有显著的差异项，在于"经济映射"（收入）和"竞争映射"（p＝0.000②）。其中，来自省会级媒体的记者相对更多考虑收入情况，其均值达到3.4，比国家级媒体记者的均值（2.44）高出将近1分；而从具体的收入分布情况看，省会级媒体记者的收入与地级市媒体的记者无甚区别，月薪大多集中于2000－5000元之间（省会台：51.8%，地级市台：57.3%,）；从职业满意度来看，省会城市级媒体的记者在"报酬收入"上选择"非常不满意"和"比较不满意"上的比例也是最高的。在"竞争映射"方面，考虑得最多的同样是省会城市级媒体的记者（均值为3.10），而国家级媒体记者的相应评估均值仅为2.53。可想而知，省会城市级媒体由于所处的地理位置与省级媒体相同，但两者之间却相差一个行政级别，掌控的社会资本因而极为不同，在大多数情况下，省级媒体拥有的资源和人力优势都胜于省会城市级媒体。

以上论及的对报道产生影响的内在和外在因子，着眼于新闻生产过程，更多的是从一种单向的方式来考量的。然而，不可忽视的是，记者本身也具有对新闻生产过程施加影响的反作用力，在受到多元化因子影响的同时，新闻报道实践也作用于传媒生态系统，作用于这一系统中的政治、经济、文化、技术等子系统。而今，在社会化媒体的强化下，作为一种社会建构过程的新闻报道，其社会性特征——或者更加直白地说——社交性的特征，更加显著。

3. 记者对新闻实践自主性的认知

无论中外，新闻生产过程中记者的自主性一直是业界及学界诸多相关研究

---

① 丁迈、缑赫、董光宇：《全国广播电视新闻从业者调查报告》，中国发展出版社，2016年。

② 分析数据来自丁迈、缑赫、董光宇：《全国广播电视新闻从业者调查报告》，中国发展出版社，2016年。

关注的焦点。传媒社会学的阐释路径强调，新闻报道/新闻实践（Journalism/journalistic Practices）是一种社会性的建构，因而，记者的自主性落实到新闻元话语生产的具体环节，则意味着记者群体在日常的职业社会实践中的自主权——包括从报道选题策划、到新闻报道角度、到新闻叙事方式、再到发稿时间以及免受来自编辑部的干扰等①。

记者在新闻生产中自主性的强弱既表征为个人的表达自由，也是评估记者社会实践的专业身份的标准。在实际运作中，记者现实拥有的工作自主性与相应的期待之间往往存在差异。

由于新闻的社会存在性和组织情境依附性，因此，在具体的新闻生产实践中，记者对工作自主的认知，往往会受媒体内部或外部资源的影响。传媒社会学同时也强调新闻实践是一种组织性的生产，即记者的自主权还涉及其在媒体新闻编辑部的参与程度（指薪酬福利、人事安排、经费使用以及媒体发展战略知晓等）以及记者在个人选择与媒体组织把关之间发生冲突时的处理②（这实际上还关乎社会的民主管理模式）。

在较为长期的一段时间内，中国记者在整体上保持了对新闻自主略微偏向于满意的认知态度。早在 20 年前（1996 年），中国内地、中国香港与台湾的记者对自己工作自主性的评价均值分别为 3.34、3.28 与 3.35（5 级量表），并认为媒体的组织映射是影响报道自主性的主要因素③。2002 年，对于上海地区开展的相关研究显示，沪记者的工作自主程度在"一般"和"比较满意"之间④；而在近似相同时间段一项针对全国八个城市的 1401 名记者的随机抽样调查⑤也证实，对报道工作自主满意度的评价近似"一般"（均值=

① 曾丽红：《新闻从业者的工作自主性及影响因素研究——基于新媒体环境下的考察》，《新闻与传播研究》，2014 年第 11 期。
② 林淳华：《新闻记者工作自主权及决策参与权研究》，《新闻学研究》，第 52 集，台北，1996年。
③ 罗文辉、陈韬文等：《变迁中的大陆、香港、台湾新闻人员》，台北：巨流图书公司，2004年，第 263 页。
④ 陆晔、俞卫东：《传媒人的职业理想：2002 上海新闻从业者调查报告之二》，《新闻记者》，2003 年第 2 期。
⑤ 陆晔：《社会控制与自主性——新闻从业者工作满意度与角色冲突分析》，《现代传播》，2004年第 6 期。

5.95，10 级量表）。

研究发现，记者在社会实践中的工作满意度与角色冲突有两个明显的特点，一是在确定新闻选题和采制新闻报道时，记者对工作自主性的认知与他们感受到的对消息来源的依赖程度之间呈显著正相关，二是在发稿以及如何发稿方面，记者对自主性的认知与他们所感受到的政府部门的社会控制——新闻生产管理之间呈显著负相关①；此外，还有新闻学研究者指出，报道自主性与记者的专业背景、年龄、学历、职称、从业年限等人口学变量均不相关，但与记者担任的职务高低显著正相关，并与其综合满意度呈显著正相关②。

1） 自我审查意识增强

较之记者对新闻自主的直观感知，更为值得重视和认真思考的问题在于，新闻话语生产中为国际新闻界同行所忧虑的、日益严重的自我审查（Self-censorship）现象，如今可能也在中国媒体和记者群体中滋生蔓延。无论是出于政治的、市场的、舆论的、甚或宗教的原因，而对新闻生产进行的隐性约束或干预，都属于社会控制及职业伦理道德的范畴。而各国依国情的不同，控制的程度和维度亦有区别。借用涵化研究的相关概念，潜藏于社会机理的"政治正确"教条也能在观念上引导记者以及媒体管理人员，以特定的相关性标准或叙事角度来阐释现实事件，或是基于个人利益而屈从于现实的或想象的压力，为了避免因报道可能带给个人的政治、经济风险，在新闻生产尚未直接受到外在因子映射时，就主动规避敏感报道话题或拒绝专业解读，置新闻实践活动神圣的历史使命和社会责任于不顾，从而导致报道在内容、视角、解读方式层面日益趋同（至少是主因之一）；这种新闻报道"同质化"的趋势会消解社会发展需要的多元化报道，并令媒体和记者的公信力下降。事实亦然，专业记者的自我审查意识愈强烈，愈保守，愈不作为，未经核实的传言就会愈多。

当今，新兴媒介技术的发展对新闻媒体的组织管理层面的影响也已经凸

---

① 陆晔：《社会控制与自主性——新闻从业者工作满意度与角色冲突分析》，《现代传播》，2004 年第 6 期。

② 吴飞：《新闻从业人员的职业满意度》，《新闻与传播研究》，2005 年第 3 期。

显，进而对新闻话语生产某些环节中的记者工作自主性带来微妙的影响，例如商业网站从事新闻工作者对"个人自主性"的满意程度，显著高于传统媒体网站和政府网站的新闻采编人员①，而且，在政府网站中，新闻工作自主性越高者，越不倾向于支持自我审查②。此外，市场化媒体（如都市报）及其下属网站的新闻采编人员对"个人自主性"的满意程度更是高于党报机关报及政府网站的新闻工作者。此类现象之所以出现的原因，固然与媒体自身的导向与目标受众有所关联，而若单纯地认为市场化倾向是衡量媒体自主乃至新闻自由程度有多高的唯一标准，也会有失偏颇。

媒体组织的新闻把关机制是极为复杂的。在个体层面，当与领导意见冲突时，市场化媒体的多数记者情愿采取"妥协"的态度，相比"不多陈述，在报道委婉表达自己的想法"和"坚持己见"，乃至"放弃写稿"，更多的记者的应对措施是"陈述自己意见但服从主管指示""和主管沟通达成共识""默不作声按主管的意见处理"③。由此可见，记者在新闻生产中的工作自主程度与是否坚持报道的独立性无法相提并论；而从媒体组织层面来看，根据一些访谈资料，其内部也存在层层把关，无论是主管领导，还是台领导或主编，都会从不同层面考量发稿工作，进而对记者的报道工作形成层度不一的影响④。

2）新闻报道过程中的自主意识

从新闻生产活动的流程来看，记者的工作自主性的具体面向还可以继续细分，例如，从"新闻主题的选择""报道侧重点"和"报道角度"等来进行观察，在这三项中，中国记者群体的平均认知都高于 3.5 分（5 级量表），其中"报道角度"（M=3.8）是记者工作自主性具体面向中相对最高项，相对而言，男性记者在报道角度上的自主性认知（3.88）在统计意义上高于女

① 张志安、陶建杰：《网络新闻从业者工作满意度及影响因素研究》，《传播与中国·复旦论坛》，2010 年 12 月 9 日。
② 张志安、陶建杰：《网络新闻从业者的自我审查研究》，《新闻大学》，2011 年第 3 期。
③ 张志安、张京京、林功成：《新媒体环境下中国新闻从业者调查》，《当代传播》，2014 年第 3 期。
④ 陆晔：《社会控制与自主性——新闻从业者工作满意度与角色冲突分析》，《现代传播》，2004 年第 6 期。

性（3.76）。但"新闻主题的选择"面向相对略低（均值=3.61）[①]。比较而言，美国记者对自己在新闻生产中的工作自主性的主观评价较高，在"报道侧重点"面向和"新闻主题的选择"面向的均值分别为4.34和4.24[②]，这也从某种程度上反映了美国记者同行的职业自信和满意度。

相关研究也表明，记者群体的人口统计学变量（工作薪酬、职务等）、组织变量（媒体机构规模、媒体类型等）和社会变量（政府规制和经济力量等）是影响新闻从业者工作自主性的主要因素[③]。例如，不少记者将报道事件的敏感性和宣传口径视作新闻选题环节最重要性的衡量标准，相关考量甚至超过了新闻价值本身，在新闻生产中，敏感性话题"最多被报道的是经济性冲突，其次是社会性冲突，而与公权力直接关联的政治性冲突最少被选择"[④]。再如，记者供职的媒体规模与其工作的自主性呈现相关性，随着媒体级别的升高，记者在新闻主题的选择、报道侧重点和报道角度的自主程度相应减小，尤其是在报道角度上，地级市级媒体的记者具有更高的自主性，而国家级媒体的自主性则是最低的[⑤]。

表4-2　各级媒体记者工作自主性各面向均值（5级量表）

	新闻主题的选择	报道侧重点	报道角度
国家级媒体	3.57[**]	3.64[*]	3.70[**]
省级直辖市级媒体	3.54[**]	3.66[*]	3.76[**]
省会级媒体	3.61[**]	3.80[*]	3.90[**]
地级市级媒体	3.83[**]	3.86[*]	3.94[**]

[*]：$p < 0.05$；[**]：$p < 0.01$；[***]：$p < 0.001$

从记者群体的具体工种来看，各类记者的自主性也存在差异。通常，调查记者的工作自主性较高，如果有所受制的话，来自政府部门与经营部门的

---

① 数据源自丁迈、缑赫、董光宇：《全国广播电视新闻从业者调查报告》，中国发展出版社，2016年。

② Worlds of Journalism Study，www.worldsofjournalism.org/。

③ 转引自：曾丽红：《新闻从业者的工作自主性及影响因素研究——基于新媒体环境下的考察》，《新闻与传播研究》，2014年第11期。

④ 夏倩芳，王艳：《风险规避逻辑下的新闻报道常规——对国内媒体社会冲突性议题采编流程的分析》，《新闻与传播研究》，2012年第4期。

⑤ 数据源自丁迈、缑赫、董光宇：《全国广播电视新闻从业者调查报告》，中国发展出版社，2016年。

规制也会大于编辑部门领导的干预①。

作为中国新闻生产方式的以上变化特点，消息来源的变迁、影响因子多元和自我审查意识的强化等都与传媒生态的新格局相关，如果在今后的观察和思考中，能同时建立共时性和历时性的分析结构，无疑更有助于发现变化的规律和趋势。

第二节　中国记者对新闻价值认知的多样性

作为社会分层特定类型角色，记者群体成员的自我认知，受到社会结构某些规范性模式的制约。同理，关乎维持记者群体成员之间关系的认同和共同价值规范的分享，也会映射到新闻话语生产过程，对记者的专业判断和职业行为产生影响。例如，在实践中，记者对新闻价值概念的理解就不尽相同。

通常，新闻价值特指记者选择、判断新闻的主观标准，尽管在新闻生产过程中这种标准都或多或少地会带有记者个人意识的色彩。一如美国记者和学者沃尔特·李普曼（Walter Lippmann）曾用"刻板印象"的概念，来描绘文化形塑认知的情状；受到文化映射的个体认知法则，也同样存在于记者日常的采编工作，换言之，新闻的选择与判断在某种程度上受到了社会文化的形塑；从哪些信息能成为新闻，到事件/信息的新闻价值，无不受到记者个人包括刻板印象在内的主观判断因素的影响。

20 世纪 60 年代开始，国际新闻学界和业界开始注意区分新闻价值（News Values）和新闻要素（News Factors）这两个既相关却又不同的概念。

所谓新闻价值，是指用来判断事实能否成为新闻的标准，也是选择和衡量新闻事实重要性的尺度，通常包括客观性、时效性、接近性（贴近性）、显著性、反常性、冲突性、趣味性、公平性、趋势性、与政治精英的联系，以及公众涉及程度，等等。

而所谓新闻要素，亦称新闻判据（News Criteria），指的是事件的特征，

---

① 张志安、沈菲：《中国调查记者行业生态报告》，《现代传播》，2011 年第 10 期。

意味着对事件是否具有新闻价值特征的决定，包括"何时""何地""何人""何事""为何"以及"如何"（即"5W+1H"）等六项基本内容。

之所以要区分新闻价值与新闻要素二者的差别，是因为"新闻与真相不是同一回事"（李普曼语），即新闻并不等同于事件本身。如果说新闻要素属于事实判断，即"什么是新闻"的话，那么新闻价值的侧重点在于"新闻是什么"（属于价值判断）。

德国著名的新闻传播学学者舒尔茨（W. Schulz）在其著作《政治传播》中列举了大量新闻价值判定，其中主要有地位、冲突性、显著性以及围绕于身份而产生的接近性（地域、文化）等。一个事件具有的新闻价值越多且越明显，就越有可能受到媒体的关注；而当媒体发现一个事件具有较高新闻价值时，有可能倾向于突出该事件的特征。换言之，新闻报道表征了媒体对事件新闻价值的强调程度[1]，由此，也可以窥见记者在新闻话语生产过程中的价值判断取向。

在中外传播活动的过程中，记者不可避免地受到本国国情（政治制度、历史传统、文化特征等）以及个人社会背景（出身、受教育程度、婚姻状况、休闲习惯等）的影响，不同的媒体和记者个人对于新闻价值的认知并不同质，也不统一，常常是异质性的，有时甚至是发散性的。国际间在同一类事件的新闻价值认知上有可能存在极大的差异性，在本国被记者重点报道的事件，在其他国家的媒体看来未必是新闻，反之亦然。

1. 新闻价值与媒体层级

如果将海内外新闻界公认的、最为常见的九项新闻价值（真实性、时效性、贴近性、反常性、趣味性、轰动性、独家性、显著性以及报道对象的知名度）作为判断标准的话，中国记者群体对"真实性""时效性""贴近性"和"独家性原则"的总体认知较高而集中，分别达到 4.96、4.65、4.40 和 4.13（5 级量表）[2]。

---

[1]　Schulz，W.（2011）. Politische Kommunikation. Springer。

[2]　丁迈、缑赫、董光宇：《全国广播电视新闻从业者调查报告》，中国发展出版社，2016 年。

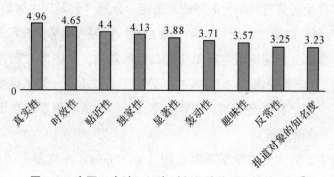

图 4-5 中国（内地）记者对新闻价值重要性的认知①

供职不同级别媒体的记者对于诸如"真实性""独家性""显著性"和"报道对象的知名度"等新闻价值上的判断较为趋同，而在"时效性"（p<0.05）、"贴近性"（p<0.01）、"反常性"（p<0.05）和"趣味性"（p<0.05）等新闻价值的认知上则存在差异。从表4-3可知（数值为均值），中国省会级媒体的记者在新闻价值的判断方面，认知度最高的是"时效性"和"反常性"，而国家级媒体的记者对这两项的认知反倒最低。在"趣味性"和"贴近性"等新闻价值认知上，地级市级媒体的记者评价最高，而国家级媒体与省级（直辖市）媒体的记者则相对较低。相关判断结果可能的解释抑或是因为国家级媒体的记者的一些价值判断已成心理定势，即习惯于将新闻报道当作宣传，习惯于偏重新闻发布时机而疏忽报道时效，习惯于偏重正面新闻而疏忽内容的反常或趣味性，并习惯于偏重新闻生产的指向性内容而疏忽体现媒介消费者期待和传播规律的贴近性内容。

表 4-3 各级媒体在新闻价值上的差异②

	国家级	省级直辖市级	省会级	地级市级
时效性	4.58*	4.63*	4.72*	4.64*
贴近性	4.41**	4.32**	4.47**	4.48**
反常性	3.07*	3.24*	3.34*	3.33*
趣味性	3.51*	3.51*	3.59*	3.72*

*：p<0.05；**：p<0.01；***：p<0.001

---

① 丁迈、缑赫、董光宇：《全国广播电视新闻从业者调查报告》，中国发展出版社，2016年。
② 丁迈、缑赫、董光宇：《全国广播电视新闻从业者调查报告》，中国发展出版社，2016年。

新闻价值是记者判断相关信息能否进入新闻生产的一项重要的依据，不同级别媒体的记者在这方面的认知差异，也体现出记者群体在把关意识上存在一定的发散性。本地媒体立足于地方，针对其覆盖范围内的媒介消费者传播新闻。相对于国家级媒体而言，地方媒体所占有的各种资源较少，彼此竞争也更激烈，也会更多地考虑传播规律和市场需求，特别关注本地新闻，因而会对于"贴近性"、"反常性"以及"趣味性"这类媒介消费者在意的新闻价值有着更强的偏好。媒体自身定位不同、市场不同，媒体和记者在新闻生产方面便会有不同的新闻价值认知。

2. 新闻价值的个体感知

其实，即便是一个媒体组织内部，不同的记者对于新闻价值的判断也会有区别。从社会学的角度出发，在新闻一线工作的记者因教育背景、家庭出身、价值观念以及职责分工的不同，各自对新闻事件的判断也不尽相同。例如，就广播电视媒体记者而言，在新闻一线工作的记者、编辑、摄像、主持人在"趣味性"（$p < 0.05$）、"反常性"（$p < 0.05$）和"轰动性"（$p < 0.05$）等新闻价值方面就存在差异[1]；就"趣味性"、"反常性"和"轰动性"这三项新闻价值判断来看，摄像的评价都是最高的，均值分别为 3.63、3.86 和 3.88，而编辑的评价则都是最低的，分别是 3.17、3.50 和 3.56。这或许表明电视媒体更为注重视觉效果，而这三项新闻价值无疑恰都有助于提高所报道事件特征的画面叙事效果[2]。

表4-4 不同学历记者在新闻价值判断上的差异[3]

	大专及以下学历	本科学历	硕士及以上学历
真实性	4.86	4.97	4.94
轰动性	3.68	3.75	3.52

此外，拥有不同学历的记者在"真实性"和"轰动性"这两项新闻价值

① 丁迈、缑赫、董光宇：《全国广播电视新闻从业者调查报告》，中国发展出版社，2016年。
② 同①。
③ 同①。

认知上也存在差异。不难发现,大专及以下学历者对新闻"真实性"的评估均值都低于本科及以上学历的记者。而较其他学历的人,本科学历的受访者更看重新闻的轰动效应①。表 4 呈现的统计数据还从侧面透露,具有高学历(硕士及以上学历)的记者在新闻价值认知上更为理智,更看重新闻内容生产的社会意义,而对追求新闻的"轰动性"采取了冷静的态度(因此相关分值最低)。

第三节 记者与融媒(时代)新闻生产的组织管理

论及记者新闻话语生产与新兴媒体技术的互动以及媒体融合,离不开对新闻生产组织层面的考察。

1993 年,《杭州日报》开中国传统媒体网上传输之先河②。1994 年中国接入互联网以后,传统媒体在网络空间发展迅速,并呈现出中国网络媒体起步阶段的自身特色:次年(1995 年)元月,教育部主办、面向中国海外留学人员的月刊《神州学人》(China's Scholars Abroad)杂志用设在清华大学的服务器接入万维网,这份由邓小平题写刊名的新闻出版物成为中国第一家电子刊物;4 月,中国新闻社开设网站;10 月,《中国贸易报》(China Trade News)成为第一家开设新闻网站的中国报纸,之后,电台、电视台等媒体也纷纷上网。如果说截至 1998 年年底,中国内地共有 127 家电子报刊,那一年后,即 1999 年年底,这一数字已猛增至 1000 余家。作为新生事物,一些新兴的网络媒体也逐渐兴起,诸如网易和搜狐等商业门户网站开通的新闻频道,及时发布海内外时事信息,极大地丰富了媒体和公众的新闻信源。与此同时,中国新闻传播高等教育亦与时俱进,适时调整学科建设和人才培养方案,契合新闻与传播新技术发展的新要求,2000 年 4 月,北京广播学院(今中国传媒大学)开办了中国高校首个网络传播学院。

---

① 丁迈、缑赫、董光宇:《全国广播电视新闻从业者调查报告》,中国发展出版社,2016 年。
② 1993 年 12 月 6 日,《杭州日报》通过杭州市的联机服务网进行内容传输(但并未接入互联网),拉开了中国报纸电子化的序幕。

毋庸置喙，网络技术和数字媒体的飞速发展直接引发了信息传播方式的革命，在极大地推进了社会转型的同时，也对人类的思维方式、行为方式和生产方式等产生深刻的影响。从传统媒体纷纷进驻互联网，到商业门户的新闻转载，从社会化媒体的勃兴，到互联网原生新闻网站（Internet-native News Outlets）的诞生，新闻生产的理念和流程都发生重要变革，传统媒体与新兴媒体之间的分野不断模糊，内容生产正在朝向媒体战略层面和战术层面的不断融合，相应的组织管理自然需要正视媒体融合的现实与发展趋势。

融媒时代的新闻生产组织管理首先要面对的，是信息传播层面的互动。随着网络传播速度和信息提供量之爆炸式增长，记者群体同普通网民一样，暴露在异质的、发散的信息辐射下。先前新闻生产中一些必要而有效的传统准则，如赴现场采访以获取第一手新闻素材、核实新闻事实以确保报道的真实性、比对不同的消息来源以避免事实等专业价值理念，如今不仅被过度追求的时效性窒息，而且更被生产成本所裹挟，因为从互联网或社会化媒体获取消息几乎无需考虑新闻采集的资金投入，新闻生产的组织管理者大都只考虑降低成本，追逐利润最大化。然而，与媒体融合相伴的互动性要求新闻生产不能只盯着降低成本，也应关注消费者系统性回路的设计，因为这直接关乎正确舆论导向的坚持。

内容产品供需关系的变化，也是融媒时代新闻生产组织无法回避的现实：一方面，是传播技术革命导致的记者群体本身在获取和处理信息的理念与方式上发生的变化；另一方面，则是市场利益驱动的新闻内容生产和分发机制的更新。以往的新闻生产系统相对较为内向而封闭，新闻产品往往通过记者群体的职业实践就得以完成，相应的生产组织无论是意识形态层面，或是行政管理层面都较简晰而体制化。然而，当今的新闻生产活动已从单向、线性、点对面的大众传播特色，转向了双向（互动）、非线性、点对点等融媒特色，新闻报道的叙事风格亦变为更加丰富、多元、立体，媒介消费者与内容生产者的身份互置令新闻实践活动更为开放，新闻生产的组织必须顾及媒介跨界融合、全媒体叙事以及非专业记者的参与等诸多创新元素，以及网络传播本身的缺陷（如信息质量良莠不齐、传播效能低下、新闻性内容可信度较差等），新闻生产管理在把握供需平衡方面的复杂程度远超以往。记者个人的职业发展因此也不由自主地朝向"专家型""全媒型"的远景。

在媒体融合时代,有关内容生产规模的概念也完全被改写,与新兴媒体随行的技术可能性突破了地缘政治的限制,作为网络数字传播优势的全球性,给各级媒体轻而易举地超越地域性带来了便利。过去,由于规制性和技术性的原因,传统媒体生产的规模和受众覆盖面相对有限,大都只能在原始载体上为本地提供新闻信息,即使在中国传媒市场化变迁中,基于这种规制的组织性基因也长期存在。而进入网络数字时代,尤其是进入融媒时代后,新闻生产的规制在考虑个性化信息定制需求的同时,还须至少面对两种新常态,做出相应的调整,具体而言,一是媒体的超地域传播能力;二是市场活动的整合营销传播策略。这是因为,以往除了国际传播性质的媒体,报刊的发行范围以及电台和电视台的节目覆盖面通常界定明晰,不同媒介的生产方式相对单一,而今,各级媒体借诸网络数字技术非但很容易就实现跨界生产,而且扩大传播空间也不再是件难事,例如,中国内地各省(自治区)的卫视一俟上星即覆盖全国,乃至全球,原本属性鲜明的省级电视台即可变成全国性、全球性电视台,对节目的内容和质量的要求随之改变,新闻生产的组织和规制也必须跟进。这些变化对记者群体提出了必须更新观念的要求,而"全球本土化"便是回应记者创新期待的实用理念。

综上所述,融媒时代新闻生产的组织管理创新主要在规制和经营两个面向,围绕技术的跨界竞合以及包括生产力资源的整合与分配在内的规模利益。然而,决定新闻生产成败的关键因素还是新闻人才。身处传媒生态和传播格局变革中的记者群体,从新闻理念创新到自身素养提升,从信息获取方式多元,到新闻采编作业流程再造,从叙事技巧全媒体化到视野的拓宽,也不断求新求变。因此,融媒时代新闻生产的组织管理必须真正做到以人为本,加强对记者群体的培养和服务,优化记者群体结构,着重以"一专多能"的报道技巧为目标,提升记者的综合性专业素养,强化新时代记者的团队协同合作意识,充分调动记者群体新闻话语生产的积极性,做到了这些实际上也就回应了尊重新闻传播规律以及传统媒体与新兴媒体融合发展规律的现实性。

第三部分

中国记者行业的职业化

第五章 中国记者的职业道德与角色认知

随着近代新闻事业的形成，新闻职业道德逐渐成形①。这一关乎记者群体社会实践的观念属于知识分子所主张的职业道德范畴，体现了记者群体在长期的新闻传播活动过程中产生的在某一时空内相对稳定的某种行为规范与行动意识。如今，新闻职业道德已然成为衡量当代记者群体职业素养的重要内涵，成为记者群体全体成员都应当共同遵循的成文或不成文的基本专业准则和道德规范。在中国，成文的新闻记者职业守则系统编纂，始于20世纪20年代初期。

记者的道德标准象征着属于作为社群成员的共识。不同的社会语境决定了不同的社会道德观念。新闻职业道德亦不例外，深受社会条件的制约。因此，各国的新闻职业守则在形式和范围两方面均各有特点，例如而今中国倡导的社会主义新闻职业道德。

新闻职业道德与新闻职业伦理是两个既不相同又相互关联，而且还常常容易混淆的概念，因此，每当人们谈论新闻职业道德时，不可避免地也会言及新闻职业伦理。

事实上，新闻职业道德是记者群体行为约定俗成的精神规范，是在整个社会生活范畴中记者群体成员所认同的、应当遵循的与新闻职业活动相适应的道德准则和行为规范（包括记者的职业理想、职业责任、职业技能、职业良心和职业荣誉等）。如同律师职业道德、教师职业道德等，记者职业道德亦受制于社会的经济利益关系，是社会道德在记者职业的具体投射，也是记者在瞭望社会、报道新闻、引导舆论、规范社会秩序的同时，保持职业与外部（社会）良性互动的关键。

---

① 段京肃、陈堂发：《新闻职业道德形成和发展的基本线索》，《当代传播》，2012年第1期。

而新闻职业伦理则是记者群体和媒体处理、调整职业内部彼此关系的普遍性准则，关乎在新闻职业道德体系中的诸多因子（道德诫命）发生冲突时的理性抉择原则，即在解决价值判断出现矛盾时做出抉择的根据。

换言之，新闻伦理是记者群体应有的人际关系行为法则，具有普遍的社会性，属于相对客观层面，以正当性为核心，以是非为尺度，体现了记者个体动物性本能的底线，本身是外在和他律的；而新闻道德则介于新闻伦理与新闻法律法规、新闻职业规范等之间，是新闻伦理的高级形式，属于相对主观层面（或因人而异），"存在于每个人心中"（康德），以善为核心，以好坏为尺度，意味着记者个体社会化行为的下线，是内在和自律的。违反新闻职业伦理的记者，未必是新闻职业道德低下的记者。例如在采访活动中因怕死而临阵脱逃的记者，其行为有违职业伦理，但不能因此就判定其行为是道德失范。

新闻职业道德属于历史范畴，它的形成与发展，经历了较长的时间。公元 17-18 世纪时，随着西方产业革命的发展，新闻传播活动数量相继增多、范围不断扩大，新闻报道中出现了一些诸如虚假消息、肆意诽谤、抄袭剽窃等不良倾向。对此，一些富有正义感的新闻机构和新闻团体分别制订《报业信条》《记者守则》等行业规约，成为报刊媒体和记者群体自我约束的行为准则的雏形。

19 世纪晚期（1874 年），瑞典诞生了世界上第一家新闻行业自律组织——舆论俱乐部，并制订了职业共同守则——瑞典各家报社和记者行为的指导纲领。1923 年，美国报纸编辑人协会颁布了《新闻规约》——西方国家第一个由新闻同业制订的自律规约。1954 年，联合国经济及社会理事会（ECOSOC）草拟了《国际新闻道德公约》，由联合国大会发给各会员国新闻工作者协会参照执行。随着媒介技术的演进，新闻传播渠道日益多元，新闻职业道德的范围已从报业扩展到广播、电视等整个传统媒体行业。到了 20 世纪 70 年代末，世界上大约有 60 多个国家制订颁布了记者职业道德守则。

放眼各个国家的传媒生态，小到诸如媒体自身发展的前提条件等内部要素，大到社会变迁、制度建设、政治文化培育、经济增长拉动、法治环境改善等外部要素，均各有特点，一同成为解读记者职业道德认知以及角色认知的语境。例如西欧国家视听业从规制（Regulation）、到去规制/放松规制（Deregulation）、复到数字环境中再规制（Re-regulation）的进程；又如从最初对互联网的乐观畅想，发展到当今出现于国内、国际层面的种种法规等，都反映了各国根据自身现实而不断做出传媒发展战略调整的努力以及相关的精神规范和行为准则的与时俱进。

也正因为此，对中国记者的职业道德及其角色认知的学理性剖析，不能脱离对本土社会生态和传媒生态的观照。因为这些语境性因子往往已经和本土的价值体系相互交融，内化为记者日常新闻生产的一种指引①，从而也使成为奠定其角色认知的一种现实前提。

在新兴媒体迅速而普及化发展、所谓"人人都是记者"的当今时代，新闻生产过程中伦理道德问题成为公众舆论关注并热议的焦点。既对媒体和记者群体充满着期待，也希望通过舆论监督媒体和记者的实践，提升报道可信度和媒体公信力，已经成为社会心理的双重意向。

因而，简要地勾勒与当今中国记者职业伦理道德相关的话语结构及行业规则，并基于相关实证研究的结果，指出其中出现的一些问题，有助于解读中国记者的职业道德和角色认知。

第一节　中国记者的职业道德认知：或有悖论

在现有的针对中国新闻职业和专业之间的辩证思考及其相关的学理建构中，美国社会学者哈罗德·威伦斯基（Harold Wilensky）的学术见解影响较大，在他看来，新闻职业化需要具备五项基本要素：

第一，新闻实践成为全日制的职业，并拥有一定数量的新闻从业人员；

第二，建立旨在培养新闻从业人员的教育机构；

第三，形成新闻从业人员的专业性组织；

---

① 白红义：《从倡导到中立：当代中国调查记者的职业角色变迁》，《新闻记者》，2012年第2期。

第四，新闻实践具有职业的代表人物、具有政治动员的力量、赢得自律的法律保障；

第五，由诸如新闻从业人员行业公会之类的组织制订职业自律的行为准则。

以上要素中，前三项关乎新闻职业的专业性机制建构，而后二者指向的是新闻行业内部的身份认同与自律。不难看出，这些要素所表征的原则多是以既有的政治架构、市场化程度以及相应的社会文化语境作为基础的。

接下来，我们将历时性地回顾中国新闻职业道德建设的历程。

1. 中国新闻道德建设发展

中国对于新闻职业道德问题的研究，肇始于大众传播业之滥觞。在 20 世纪早期，相关研究主要聚焦报刊新闻从业人员的个人品质与道德修养，其中既有关于记者个人品性的要求，也有对西方新闻业道德准则的推介。此外，还有以报刊的政治功能为视角展开的思考。

作为中国新闻学理化、学科化的先驱者，留学日本归来的任白涛当是中国最早呼吁新闻自律的学者，他不但将"报纸应否迎合阅者下意识的趣味问题"纳入新闻道德范畴①，而且还谴责北京报界允许外人利用报纸的广告栏诋毁他人的现象，并痛斥《顺天时报》降低报格，刊发娼妓广告的行径。任白涛还对中国报人承袭古代御史制度"闻风言事"的传统提出质疑，反对刊发未经核实的传言。此类新闻道德叙事多侧重新闻专业主义的话语建构，也可被视为中国现代新闻事业在建制过程中的一个缩影。

1949 年新中国成立之后，中国内地新闻传播机构在短短几年内实现了全面的国有化，马列主义新闻观成为占统领地位的理论思潮，大众传媒的政治性空前地得以强调，甚或变作纯粹的政治斗争工具。

直到中国开始实行改革开放政策（1978 年），伴随着理论界对"两个凡是"的批判以及"实践是检验真理唯一标准"大讨论的深入开展，新闻传播活动日益返璞归真，新闻传播规律亦逐渐受到重视。但是，有如世界各国经

---

① 任白涛：《综合新闻学》，商务出版社，1941 年。

历的社会转型期，当中国经济体制深刻变革、传媒市场化进程不断推进，尤其是各种思潮和价值观的大力冲击，加之记者群体遭受的政治、经济和技术三重压力连连增大之时，新闻实践的传播理性与留存于中国社会的传统道德价值判断之间的冲突日益凸显，新闻生产中的道德失范现象频频发生，无论是践踏职业道德底线的虚假新闻、有偿新闻、低俗新闻、有闻不报、甚或媒体敲诈，还是腐蚀新闻职业伦理的"标题党"、电视感官主义和技术意识形态，以及社会其他领域的媒体公关对新闻生产的影响和渗透，都引起了广泛的关注和探讨，使得记者群体的职业道德素养和职业伦理认知成为舆论聚焦的热点。

1）新闻道德建设文本的制度化过程

在中国新闻业界和学界看来，恪守新闻职业伦理道德仅仅依靠媒体和记者的自觉仍不够，还需要包括体制性保证、个人素养以及相应的约束等在内的有效督促机制，即需要媒体与记者的自律和他律双管齐下。

就媒体和记者本身的行业自律来看，中国（内地）出现较早的成文规范主要有 1981 年颁布的《记者守则（试行草案）》[①]，以及 1991 年出台的《中国新闻工作者职业道德准则》（以下简称《准则》）[②]。然而，在这一《准则》面世后 5 年里，记者群体中虽有半数以上阅读过《准则》，但对当时新闻职业道德建设效果的评价并不很高[③]。

1997 年，中华全国工作者协会（中国记协）对《准则》进行了第二次修订。同年，《关于禁止有偿新闻的若干规定》和《关于建立新闻工作者接受社会监督的公告》颁布[④]，前者既明确了新闻报道应与经营活动分开、新闻采编人员应与经营人员分开，而且还严禁有偿新闻、牟取私利、记者从事广告和其他经营事务，并对媒体组织内部进行规范[⑤]；后者则是正式宣布媒体和新闻从业人员要接受全社会的监督，并向全社会公布了举报电话，真心诚意地欢

---

①　由中宣部新闻局和中央新闻单位共同拟订并颁布。

②　1991 年 1 月，经中华全国新闻工作者协会通过。

③　《当代新闻职业道德》编写组：《新闻职业道德现状调查》，《新闻大学》，1996 年 5 月 15 日。

④　由中宣部、广播电影电视部、新闻出版署以及中华全国新闻工作者协会联合颁布。

⑤　《关于禁止有偿新闻的若干规定》，http://www.gapp.gov.cn/news/1675/110680.shtml。

迎社会各界监督①。

中国加入世贸组织（WTO）以后，传媒生态和舆论格局也发生了巨大的变化，媒体的市场化进程加速，信息与传播新技术的飞速发展，原有的新闻伦理道德准则的规范作用日渐式微②。在此语境中，规范中国记者群体职业道德的框架的现实化提及议事日程——需要在两个层面上与时俱进地做出修正：一是对原有成文规范的修订与完善；二是针对新兴媒体形成相应的职业道德规范。

在互联网层面，参与新闻话语生产的行为体鱼龙混杂，主流媒体、市场化媒体和社会化媒体兼而有之，内容泥沙俱下，其中不乏有悖于新闻伦理道德的问题。直到互联网进入中国将近十年之际，中国记协以及来自中央与地方网络媒体的全体代表在中国网络媒体论坛闭幕式（2003年10月）上，方签署了《中国网络媒体的社会责任——北京宣言》③。同年年底，《互联网新闻信息服务自律公约》出台，业界承诺自觉接受政府管理和公众监督④。

2009年11月9日，中国记协第三度修订了《准则》，不仅吸纳了顶层有关新闻传播活动的新观点、新思路，而且，较之1997年版的《准则》，新版《准则》的内容更加具体、详细，既涵盖了原则性的规范（例如新闻实践的党性原则、政治立场、舆论导向等），也在媒体的舆论导向、新闻真实性与客观性、记者的独立性与公正性以及新闻生产的社会责任等方面，提出了更加具体的要求，诸如"通过合法途径和方式获取新闻素材，新闻采访要出示有效的新闻记者证"、"不摆布采访报道对象"、"坚决反对和抵制各种有偿新闻和有偿不闻行为"、"坚持改革创新。遵循新闻传播规律"、"遵纪守法"以及"促进国际新闻同行的交流与合作"等内容（参见表5-1），凡此种种，都表

---

① 仝军会：《中国记协自律维权工作两手抓》，2007年9月6日，http：//news. xinhuanet. com/zgjx/2007-09/06/content_6673877. htm。

② 郑保卫、刘艳婧：《与时俱进加强规范服务实践〈对中国新闻工作者职业道德准则〉修订稿的评析》，《新闻记者》，2010年第1期。

③ 李菁、陈卓：《2003中国网络媒体论坛闭幕 签署北京宣言》，2003年10月14日，http：//www. people. com. cn/GB/14677/22114/30056/30058/2133232. html。

④ 2003年12月，中国互联网协会互联网信息服务工作委员会在北京举行成立大会上，由30多家互联网新闻信息服务单位共同签署。

明对新闻生产活动价值指向的进一步重视，也象征着对新闻传播规律普遍性认知的强化。

表 5-1　1997 年版与 2009 年版《中国新闻工作者职业道德准则》比较

新闻原则	1997 年版《准则》	2009 年版《准则》
媒体的舆论引导	要坚持团结稳定鼓劲、正面宣传为主的方针，造成……有利于国家统一、民族团结、人民心情舒畅、社会政治稳定的舆论。	采访报道突发事件要坚持导向正确、及时准确、公开透明，全面客观报道事件动态及处置进程，推动事件的妥善处理，维护社会稳定和人心安定。
新闻真实性、客观性	真实是新闻的生命。新闻工作者要坚持发扬实事求是的作风，深入基层、深入实际、深入群众，加强调查研究，报实情、讲真话，不得弄虚作假，不得为追求轰动效应而捏造、歪曲事实。	要通过合法途径和方式获取新闻素材，新闻采访要出示有效的新闻记者证。认真核实新闻信息来源，确保新闻要素及情节准确；报道新闻不夸大不缩小不歪曲事实，不摆布采访报道对象，禁止虚构或制造新闻。刊播新闻报道要署作者的真名。
记者的独立性、公正性	坚持廉洁自律，提倡勤俭作风，记者不得向被采访地区或单位提出工作以外的个人生活方面的特殊要求。要自觉遵守财经纪律和财务制度，严禁讲排场、比阔气、挥霍公款。	坚决反对和抵制各种有偿新闻和有偿不闻行为，不利用职业之便谋取不正当利益，不利用新闻报道发泄私愤，不以任何名义索取、接受采访报道对象或利害关系人的财物或其他利益，不向采访报道对象提出工作以外的要求。
新闻生产的社会责任	维护宪法规定的公民权利，不揭人隐私，不诽谤他人，要通过合法和正当的手段获取新闻，尊重被采访者的声明和正当要求。	维护采访报道对象的合法权益，尊重采访报道对象的正当要求，不揭个人隐私，不诽谤他人；维护未成年人、妇女、老年人和残疾人等特殊人群的合法权益，注意保护其身心健康。

2）新闻媒体行业内部规范建设

新闻职业道德建设除了需要媒体组织以外相关机构的他律性监督，媒体在新闻行业内部针对记者设立一系列自律性职业行为规范亦是必不可少的有效举措，例如，2003 年由多家央媒发起并制定了《"弘扬职业精神、恪守职业道德、维护队伍形象"自律公约》①，这一带有明显的行业公会集体约定性"宪章"的最后一条，明确声明媒体愿意"自觉接受社会监督，严肃查处违规违纪问题"，不少媒体在认同并发布这一公约之时，还主动附上媒体组织内部的举报电话。

在相应成文规约不断出台的同时，新闻职业道德的机制建设也在不断推进。自2013年以来，中国（内地）初步形成了全国和省级新闻道德委员会的工作架构。截至2015年年底，全国共有29个省区市以及中国记协、中国产业报协会两家行业组织成立了新闻道德委员会，并已建立了接收公众投诉、案例评议、查处通报等配套制度，这些委员会的权力涵盖经济惩罚、吊销记者证和介入广告合作等方面②。

2015年秋，另一部职业行为"宪章"——《新闻出版广播影视从业人员职业道德自律公约》③正式公布，公约的主要内容既包括拒绝有偿新闻和虚假新闻；传递正能量、抵制在网络及其他媒介上制作或传播有害信息；不使用低俗粗俗媚俗的语言、文字和图像；不制作、代言和传播虚假广告等职业操守方面的集体约定，也包括不抄袭剽窃他人创意及成果、不涉"黄赌毒"和违反公序良俗的行为等个人修养和社会公德方面的职业规范。

由此可见，对新闻职业道德的社会监督和干预力度正在不断增强，新闻生产他律与自律的体制性架构已经在中国（内地）全境形成。

毋庸讳言，新闻伦理道德的体制性监督，也有可能被人认为是以维护职业道德的名义干预媒体和记者的独立性或新闻自由。然而，无论中国还是外国、无论是从事何种职业，包括记者在内的专业人员所享有的职业自由都与社会责任、与社会控制相辅相成。值得注意的是，新闻职业伦理道德作为媒体和记者社会实践的行为规范底线，是保证新闻生产活动正常进行的基本条件。如果这一行业自律机制运转失灵，各类行政话语权力以维护社会生活秩

---

① 由《人民日报》、新华社、《求是》杂志、《光明日报》《经济日报》、中央人民广播电台和中国中央电视台联合制订，带有明显的行业公会约定性。

② 国务院新闻办公室：《新闻道德委员会全国和省级工作架构初步形成》，2016年1月15日，http：//www.scio.gov.cn/zxbd/wz/Document/1462578/1462578.htm。

③ 2015年9月15日，由中国内地新闻出版广播影视行业50家社团在北京联合签署。

序的名义，介入和干预新闻生产便有了合理的借口，媒体和记者群体的自主空间才真正会因此而被压缩。

基于这一认识，中国记者群体自身对新闻职业伦理道德的认知、在新闻生产具体情境中的作为，是直接关乎新闻行业自律能否实现，报道的自主性能否得以维护，媒体的传播力、引导力、影响力、公信力能否切实提高的重要前提。

2. 中国记者群体相关认知的道德相对主义

世界各国记者群体对新闻职业伦理道德的认知倾向往往可以大致分为两类：一类是秉持新闻理想主义的伦理道德框架，讲求新闻生产活动的程序正义；另一类是强调新闻职业伦理并无普世性之公理，应将之置于具体情境之中来考察，认为基于某些利益而牺牲一定程度的伦理准则也是情有可原的[1]。

中国记者对于新闻职业伦理道德的认知倾向则带有相对主义色彩，一方面，86%的记者群体都强烈同意"不论任何情况，记者必须遵守职业道德"的观点（图5-1）；另一方面，较之其他年龄段，21-30岁的记者更为认同"新闻职业道德取决于具体情境"，其均值接近于中间值3（即"不能决定"）（5级量表）。

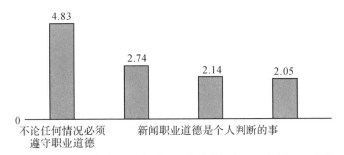

图5-1　中国（内地）记者对职业道德的认知（5级量表，均值）

在新闻职业伦理道德的认知（"记者必须遵守职业道德"）方面，曾经接受过新闻传播学专业教育的记者态度明朗而坚决，均值高达4.85（5级量

---

[1]　World of Journalism Study（2015）：http://www.worldsofjournalism.org。

表，见图 5-2），远超非新闻传播专业学历的记者。而在"新闻职业伦理取决于具体情境""新闻职业伦理是个人判断的事"以及"特殊情况下，把新闻职业伦理后置的做法是可以接受的"等三个选项中，非新闻传播专业学历的记者均值均高于经过新闻传播学专业教育的记者。

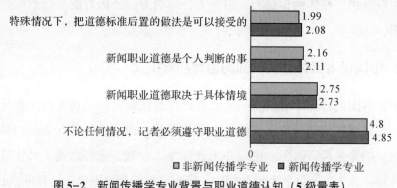

图 5-2　新闻传播学专业背景与职业道德认知（5 级量表）

相较而言，由于社会语境造成的差异性，香港记者对"无论任何情况，记者必须遵守职业伦理"这一观点的认知均值低于内地记者，而在将新闻职业道德视作个人判断方面（如"新闻职业伦理取决于具体情境"、"新闻职业伦理是个人判断的事"以及"特殊情况下，把新闻职业伦理后置的做法是可以接受的"等），香港记者的评判均值都略高于内地记者①。

3. 新闻职业伦理的道德情境

记者群体的职业道德情境纷繁复杂，每每涉及新闻实践的传媒生态及社会生态等诸多因素。对新闻生产中记者身处某些情境做出的道德选择的考察，实际上经常都是在其被当作社会行动者的视域之中。

随着 20 世纪 90 年代中国传媒市场化浪潮的高涨，以经济实用主义为特征的拜金主义趋势在媒体组织中日渐凸显。记者"为供职的媒体联系广告或赞助"、"主动淡化不利于广告客户的新闻""使用煽情的手法来吸引眼球""出于个人绩效考虑放弃报道"等行为渐次增多，媒体"用金钱换取内部信

---

① World of journalism study（2016）：http：//www.worldsofjournalism.org.

息"、"收买"知情人获取独家消息之类的支票簿新闻报道理念（Checkbook Journalism）等也不再罕见，甚而连"使用商业秘密或保密的政府文件"、"未经同意使用私人文件"等触犯法律的行为也时有出现。因而，探讨媒体与政府、与市场、与法律、与公民等之间的关系，如今既是社会舆论关注的热点，也成为新闻业界和学界研究的重点。

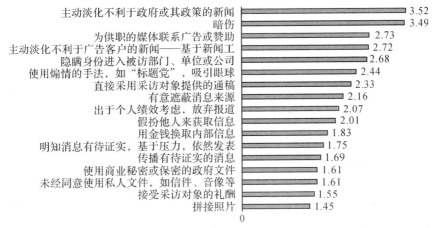

图5-3　记者对新闻生产中某些职业行为的正当性评价①

1）有偿新闻、有偿不闻与新闻公关

尽管早在20世纪80年代初，中国记者群体职业道德成文规范的建构已经正式启动，从90年代开始，新闻传播规制部门和行业性协会等出台了一系列严肃治理有违新闻职业伦理道德的现象的行政文件或行业自律公约，而且条文详细而具体，但是在实际的新闻生产中，相关规范的施行却往往是雷声大、雨点小。虽然《中国新闻工作者职业道德准则》早在1991年就已颁布，但在其第二次修订（1997年）之前，"有偿新闻"的现象仍普遍存在（三分之一的公众认为，"大部分"记者会从事"有偿新闻"报道），高达87%的公众认为，记者经济收入的主要来源是"采访对象的馈赠（包括现金、实物等）"②。

在当代中国新闻生产中，有悖于记者职业伦理的有偿新闻报道还有另一

① 丁迈、缑赫、董光宇：《全国广播电视新闻从业者调查报告》，中国发展出版社，2016年。
② 《当代新闻职业道德》编写组：《新闻职业道德现状调查》，《新闻大学》，1996年夏季号。

种孪生形式，即"有偿不闻"，这方面最为轰动的典型案例是 2003 年的山西繁峙发生的特大矿难（38 名矿工丧生），媒体在对此悲剧事件的报道时，至少有 11 名记者（包括 4 名新华社记者在内）在采访过程中，因收受了当地有关负责人及非法矿主贿送的"封口费"（现金和金元宝）而对应该报道的矿难保持缄默①。以这一违背记者职业伦理的事件为契机，中国新闻界持续数年开展了以"'三个代表'重要思想、马克思主义新闻观、职业精神职业道德"为主要内容的"三项学习教育活动"②。此后，"新闻职业道德"、"职业意识"以及"职业精神"等语汇也更加频繁地出现在新闻传播研究的论述中。

应当承认，中国记者的新闻职业伦理道德建设还是颇有成效的。例如，在 20 世纪 90 年代后期，记者对接受新闻来源单位招待用餐的认同度仍超过均值，对接受新闻来源单位馈赠的礼品、提供的免费旅游或现金红包非但不予拒绝③，而且上述现象甚至还有恶化的趋势④，但到 21 世纪第二个十年初期，记者对接受采访对象提供的宴请、礼品以及免费旅游的认同度普遍都有下降，仅有对接受现金馈赠的认同度均值不降反升（从 1997 年的 1.81 升至 2012-2013 年的 2.25/5 级量表）⑤。值得欣慰的是，记者认为业内有违新闻职业伦理道德不正之风的程度有所减弱⑥。

或许是因为传统媒体的记者群体职业伦理道德意识更强的缘故，广播电视媒体的记者对"接受采访对象的礼酬"的认同度均值仅为 1.55，其中男性记者的认同度稍高于女性（女性：1.49；男性：1.61，p=0.004）⑦。相比之下，新兴媒体的新闻从业者相关意识似乎较为薄弱，对"接受新闻来源赠送的礼品礼券""接受新闻来源安排的免费旅游""接受被报道者的现金馈赠"

---

① 萧燕雄、李慎波：《新闻道德法律化：遏制新闻腐败的一条进路》，中华传媒网，2004 年 3 月 19 日，http://news.xinhuanet.com/newmedia/2004-03/24/content_1382165.htm。
② 陈立丹、江凌：《改革开放 30 年来记者角色认知的变迁》，《当代传播》，2008 年第 6 期。
③ 喻国明：《中国新闻工作者的职业意识与职业道德》，《新闻记者》，1998 年 03 期。
④ 陆晔、俞卫东：《传媒人的媒介观与伦理观——上海新闻从业者调查报告之四》，《新闻记者》，2003 年 4 月。
⑤ 陈颂清、夏俊、柳成荫：《全国新闻从业人员现状分析——以 60 后、70 后、80 后的代际比较为视角》，《新闻大学》，2014 年第 4 期。
⑥ 1997 年、2002 年以及 2012-2013 年调查的数据均根据：陈颂清、夏俊、柳成荫：《全国新闻从业人员现状分析——以 60 后、70 后、80 后的代际比较为视角》，《新闻大学》，2014 年第 4 期。
⑦ 丁迈、缑赫、董光宇：《全国广播电视新闻从业者调查报告》，中国发展出版社，2016 年。

的认同度均值分别达到 2.72、2.63 和 2.55（以上均为 5 级量表）①。

上述情况属于记者对于新闻职业伦理道德情境的认同，在新闻生产实际过程中，记者常常会被资本和市场力量裹挟，身不由己。自 20 世纪 80 年代开始，中国内地媒体开始走上企业化经营之途，在日常运作中，政府财政拨款占比愈来愈无足轻重，媒体将创收的压力部分地转嫁到记者群体（有些媒体甚至强行给新闻编辑部门或每个记者分配每年必须完成的创收任务）。一时间，出现了不少"三点"（即"吃点、拿点、炒点"）记者、整天忙于赶场的"请柬记者"、对广告新闻和关系稿乐此不疲的"影子编辑"②；企业、公立部门给记者塞"红包"成了天经地义的事情，屡禁不止；公关新闻通稿成为不少记者的最爱，媒体的新闻报道蜕变成金钱控制的代言人；广告性软文在传统媒体和新兴媒体大行其道⋯⋯

时至今日，来自媒体经营的市场压力有增无减，上述这些情况并未得到彻底改变。记者对"为供职的媒体联系广告或赞助"的认同均值还略有增高③，供职广电媒体的记者对"主动淡化不利于广告客户的新闻"的认同度均值虽不及中间值，但也达 2.72（见图 5-3）④。而网络媒体的新闻从业者对"主动淡化不利于重要广告客户的新闻"的认同程度甚而超过中间值，达到 3.05（以上均为 5 级量表）⑤。

在传统媒体与新兴媒体深度融合的时代，一方面，机器人记者（Roboporter）/新闻机器人（Newsbot）或视频自动生成软件等新闻生产技术手段不断涌现，给新闻职业伦理的道德情境带来了前所未见的新问题；另一方面，针对媒体的公关技巧也更加多元而精巧，在无限逼近新闻报道形式的同时，公然挑战专业记者的新闻伦理道德底线。例如，2014 年年底，中国一款名为

---

① 周葆华、龚萌苗、寇志红：《网络新闻从业者的职业意识——中国网络新闻从业者生存状况调查报告之二》，《新闻记者》，2014 年 2 月。

② 熊蕾：《报，还是不报——近 30 年中国媒体新闻价值观的变迁》，潘维、廉思主编：《中国社会价值观变迁 30 年（1978-2008）》，中国社会科学出版社，2008 年。

③ 陈颂清、夏俊、柳成荫：《全国新闻从业人员现状分析——以 60 后、70 后、80 后的代际比较为视角》，《新闻大学》，2014 年第 4 期。

④ 丁迈、缑赫、董光宇：《全国广播电视新闻从业者调查报告》，中国发展出版社，2016 年。

⑤ 周葆华、龚萌苗、寇志红：《网络新闻从业者的职业意识——中国网络新闻从业者生存状况调查报告之二》，《新闻记者》，2014 年 2 月。

"找记者"的手机应用软件（APP）出现在市场上。通过这个网约平台，需要发布新闻的个人、企业、组织或机构等可以直接联系记者，不同形式的新闻稿件及其播发平台都在这一 APP 上明码标价，记者可以像优步（Uber）等即时用车司机那样，在移动应用平台上抢单，新闻生产完全由市场价格调控，记者完成稿件后，"找记者"应用软件还会负责联系媒体播发稿件。这种建立在新闻采写、播发分离（或曰新闻制播分离）架构上的应用软件上线 4 个月时，单月订单已经突破 200 份，在短短一年多时间内，"找记者"已经吸纳了一万多家用户和 3000 多名记者①。

　　显然，现行的法律法规以及新闻职业道德规范对这款软件的应用，及其与记者或媒体机构签订的新闻内容生产和分发的合约性质的规定，远远不够明晰，但无论如何，"找记者"消解了新闻与公共的边界，导致了新闻传播的异化，新闻生产变质成为公关活动的同义词，理应代表的社会公共利益的记者成为受雇于资本力量、纯粹为追求商业利益而存在的文创写手。更令人担心的是，这款应用软件之所以能在较短的时间里的快速发展，重要原因之一就是部分记者和媒体完全放弃了新闻职业伦理道德的底线，甘愿成为有偿新闻运作的同谋。虽然"找记者"只存活了两年多时间，即被规制部门叫停，但这种现象并未因此终止，类似的网约记者应用软件改头换面（如"氢传播"），又开始活跃在市场上。对于"接单"记者的约束，法律似亦无能为力。在这方面，唯有新闻职业伦理道德才是治标——从记者和媒体一端解决问题行之有效的对策。

2）记者职业道德情境中的政治/新闻博弈

　　相对于商业利益方面的新闻职业伦理道德认知，更值得关注的是中国记者对关涉政治维度的职业伦理意识。在一些特定的政治语境中，不乏记者陷入职业道德困境的现象，即记者是否可以服从于政府形象的正向塑造和政策立场的正面解读，容忍有悖于新闻传播规律的专业生产活动②。对此的思考，固然可以纳入探讨媒体的社会责任或记者的社会角色的范畴，但以记者的新

---

　　① 《传"找记者"APP 涉有偿新闻交易被调查，创始人回应称已向有关部门汇报情况》，2016 年 6 月 16 日，http：//cn.technode.com/post/2016-06-16/media-2/。

　　② 丁迈、缑赫、董光宇：《全国广播电视新闻从业者调查报告》，中国发展出版社，2016 年。

闻职业伦理的道德情境作为观照的维度，也不无裨益。

基于新闻话语生产的社会属性，无论在国家层面还是地方层面，中外记者群体都会与包括政治在内的各界要员或拥有丰富资源的精英人士保持着极为紧密的联系，记者们都明白与政治官员的交往或周旋，除了有望获得有价值的新闻素材、甚至是独家新闻素材，而且还有可能争取到更大、更宽松的表达空间。不过，记者如果因此而放弃新闻报道的自主性，甘愿听凭政治话语操控，新闻媒体的社会监督功能就会退化、萎缩乃至消失。因此，无论承认与否，政治正确都是中外媒体恪守的底线之一，记者并不生活在真空状态，社会的政治文化、意识形态和价值观念无时不在影响新闻生产的各个环节。在新闻职业伦理在所有道德情境中，中国记者对"主动淡化不利于政府或其政策的新闻"的认同分值是最高的（均值＝3.52），其中男性记者对此项的认同度均值（3.44）稍低于女性（3.59）（p＝0.007）[1]。事实上，记者对其在新闻生产过程中某些行为正当性的判断得当与否，归根结底就是"时度效"的把握，如果出于维护政府形象的考量，一味遮蔽不利于政府或其政策的负面新闻，对于社会负面现象采取"大事化小、小事化了"的态度，实际上对国家的政治民主化进程、对社会的良性发展以及传媒监督作用的发挥，并无太大的益处。

与政治对媒体操控截然相反的极端情况，是媒体对政治的反作用力——有时甚至是凌驾于政治之上的反作用力，甚或凭借合法掌握的公共话语权，以曝光丑闻等手段来要挟涉事方用经济方式化解危机，新闻生产因此成为纯粹的敛财手段。在这方面，原湖南《娄底日报》记者伍新勇就是极其典型的反面案例[2]。社会舆论和媒体都已意识到，单纯依靠相关法律法规和新闻行业的自律公约，并不足以防止新闻职业道德失范，为了回应"谁来监督媒体和记者"的疑虑，一些媒体和行业协会采取向社会公布举报电话、电子信箱和通信地址等方式，吁请公众对新闻生产活动进行监督[3]。

---

①　丁迈、缑赫、董光宇：《全国广播电视新闻从业者调查报告》，中国发展出版社，2016年。

②　伍新勇是原湖南《娄底日报》记者、政治新闻部主任，在报社从事新闻报道工作的七年间，除了形成黑社会性质的组织，实施绑架、诈骗、以挪用公款方式敛财、非法持有枪支等犯罪行为之外，还插手、控制当地部分官员的人事安排，2013年12月被法院判处、执行有期徒刑19年。

③　萧燕雄、李慎波：《新闻道德法律化：遏制新闻腐败的一条进路》，2004年3月24日，http://news.xinhuanet.com/newmedia/2004-03/24/content_1382165.htm。

3）中国新闻道德实践与记者的专业精神

传媒守望社会，卫护公平正义，是历史赋予的使命和担当。论及记者在履行自己的社会职责而面对新闻职业伦理的道德情境时，不可避免地会涉及一些关乎行业自律的新闻采访特殊方法。在新闻生产过程中，为了保证新闻报道，尤其是调查性报道能够全面、客观地反映真相，对于一些难以通过正常采访获得的负面信息，记者常会因迫不得已而采用一些非常规的采访方式，"暗访"、"卧底"等隐形采访即为其中的方式。由此引发的新闻职业伦理界线，以及法治环境中的记者新闻道德自律的相关争论，成为多年来中外新闻学界和业界一直关注和思考的问题。

在中国，新闻工作管理和新闻职业道德规范等都明文规定，记者职业的社会实践必须在宪法和法律法规的框架内，必须"通过合法和正当的途径获取新闻，不得采取非法和不道德的手段进行采访报道"。事实上，记者在进行隐形采访时，遮蔽了自己的职业身份，而以普通公民身份出现，在法律上被认定为属于私人取证的性质，换言之，"暗访"等方式并不是记者的职务行为，即使采用隐形采访的目的并不是出于私利的考虑，而是为了"揭丑、揭黑、揭短"——揭露社会阴暗面的问题。但是，目的的正当性并不意味行为的合法性。新闻工作的实践理性并没有给予记者为了揭露真相而超越法律的特权。在新闻实践中，相关的有效约束更多地依赖于记者的职业伦理意识。

就目前而言，记者的隐形采访仍是国际新闻界较为普遍存在的现象，中国记者也不例外，无论是国家级通讯社的记者还是地方性媒体的记者，都采用过这种特殊的采访手段。而中国记者群体对"暗访"的职业伦理判断持肯定态度，均值为3.49（5级量表），但对其他一些特殊采访方式则不太赞成，例如，对"隐瞒身份进入被访部门或单位"做法的认知均值较低，仅为2.67；而对"假扮他人来获取信息"的做法更是不甚赞同，整体认知均值只有2.01；至于关系"用金钱来换取内部消息""使用商业秘密或保密的政府文件"和"未经同意使用私人文件""拼接照片"的认知，几近否定[①]（参见图5-3）。不过，不同国家和地区在某些新闻伦理问题上有不同程度的认知偏

---

① 丁迈、缑赫、董光宇：《全国广播电视新闻从业者调查报告》，中国发展出版社，2016年。

差，例如，有不少英国记者认为"声称自己是其他人"、"应聘进入其他公司或组织获得内部消息"以及"支付金钱以获得保密信息"在一定场合是正当的，而认为"未经同意使用保密的商业信息或政府文件"是"一直正当的"或"在一定场合是正当"的记者竟然高达81%①。

实际上，隐形采访手段通常都用于调查性新闻报道，这类体裁的新闻报道不仅以揭秘为目的，而且还不同于日常的新闻报道实践，所有的细节都须一一核实，不允许任何失误。公众对隐形采访的评价也见仁见智，相关问题的争议不断亦属正常，关键还是在于应该避免在新闻生产中滥用隐形采访手段，不得已而为之时，记者也必须保持清醒的头脑，在恪守新闻伦理规范的同时，平衡价值取向，避免侵犯或威胁到其他更高层次的权利（如公民的隐私权、公民或法人的名誉权乃至人们的生存权等）。

在新兴媒体不断挑战传统媒体的今天，新闻生产过程中的发稿周期、发稿制度和发稿规则等已经彻底改变，新闻流动速度大为提升，尤其是新兴媒体在突发事件报道时的实时性，改写了新闻传播活动的传统经验，与此同时，新闻产品的感官刺激也有了越来越多的技术支撑。在这种语境中，坚持新闻最为基本的真实性不仅已越来越迫切，而且也成为融媒时代新闻职业道德中最为基本的价值向度。近年来，中国记者群体虽然对于消息核实时间的感知已有所变化，但对"明知消息有待证实，基于压力依然发表""传播有待证实的消息"以及"拼接照片"的认同度依然很低②。

另一个与新闻职业伦理的道德情境相关的问题，是备受关注的新闻娱乐化倾向。随着市场导向强势进入中国传媒的经营管理层面，新闻内容生产中的注意力经济的影响力日益彰显，从新兴媒体到传统媒体，以"标题党"、"煽情主义"等为特色的报道不断增多，专业记者对于"使用煽情的手法、标题党等方式吸引眼球"这一有违新闻职业道德现象的认同度并不算低（在5级量表中的均值为2.44）③。制作讲究而吸引人的标题、适度的情感调动等原

---

① Thurman, N., Cornia, A., & Kunert, J. (2016). *Journalists in the UK.* Online from：http：//openaccess. city. ac. uk/14664/1/Journalists%20in%20the%20UK. pdf。

② 丁迈、缑赫、董光宇：《全国广播电视新闻从业者调查报告》，中国发展出版社，2016年。

③ 同②。

本是新闻报道的专业追求，无碍记者的职业道德，但如果一味强调"新闻包装"而罔顾新闻实践本质，造成报道形式大于新闻内容，就另当别论了。

第二节　媒体的公信力与记者的社会形象

从发轫于西方思想传统的社会学来审视记者的职业角色，象征着对一个现代人在社会关系中的主要角色进行定位，也意味着在了解社会与个体的过程中具有了重要的参照。因为，记者的职业角色是其社会地位的外在表现，不仅与个人的生活、价值与态度息息相关，同时也包含了他人对这一角色的一系列行为期待①。

1. 从"无冕之王"到被人提防

在当今社会，界定记者社会角色的一个最为重要的基础，是公众对记者的职业行为的期待。"记者姓公，要以公论立论，为公益传讯"，作为"新闻信息的传播者"、"为公众服务的社会工作者"，记者的职业角色有一套独有的权利与义务、行为与规范的体系。在整个社会活动中，记者群体与社会的关系决定了其"公众利益的'守护神'，社会舆论的'导向人'的角色"②。除此之外，随着中国政治、经济与社会的变迁，尤其是信息与传播新技术的发展带来的新闻生产方式和新闻消费方式的改变，相对于传播者的他者，也经历了从"群众"（Mass）到"公众"（Public），从"接收者"（Receiver）"受众"（Audience），从"用户"（User）到"消费者"（Consumer）、再到"生产型消费者"（Prosumer）的变迁，他们不仅在新闻传播活动中日益体现参与性与互动性，而且还以"网民""博主""公民记者"等身份逐渐接近记者的社会角色。

正是因为记者权力的"公共性"向度及其与公众之间的关系都处于不断

---

① 叶至诚：《职业社会学》，台北：五南图书出版有限公司，2001年4月。
② 陈立丹、江凌：《改革开放30年来记者角色认知的变迁》，《当代传播》，2008年第6期。

的变化过程中，特别是最近廿余年间，公众与记者群体乃至一些新闻理念之间的应和、互动都一直在作用中，因而，探究公众对记者角色的认知，也使得当今中国记者社会角色的分析更具现实性。

廿余年之前（1995 年），在公众眼中，新闻媒介所起的主要作用在于宣传（占比 68%）和传播沟通（63%），只有不到四成的公众认为媒介发挥了舆论监督作用。在公众看来，新闻工作存在的五个主要问题依次是广告太多、新闻报道过于空泛、新闻传播速度慢、信息量少和有偿新闻，但约有三分之二的公众表示，媒体的新闻报道"基本可信"①。

随着公民媒介素养的提高及其媒介消费行为发生的巨大变化（包括媒介渠道的可选择性越来越多元，以及不同媒介消费时间的创新分配等），公众对媒介的信任度、对心目中记者形象的评价也在潜移默化中发生了变化。如果说 1983 年时记者社会声望还名列第七的话，到了 1990 年则降至第十四位，到了 20 世纪末的 1999 年，更是下跌到第十七位②。

如今，记者作为社会精英群体的传统地位似乎日渐式微，记者职业的社会声望也在连续下降，公众一度的调侃——"防火、防盗、防记者"反映了社会心理层面上舆论对记者形象的反讽。

2. 媒介生态变迁中的记者形象

公众对于不同媒介的记者有着不尽相同的印象，互联网进入中国的第十个年头（2004 年），在公众眼中，报纸记者的形象最佳（40%），电视记者其次（37%），之后是网络的新闻从业者（13%）和广播记者（10%）③。

但到了 2007 年，电视记者的印象分大幅提升，公众最有好感的记者来自电视，其比例高达 55.5%，远超出其他三种媒介记者（报纸 24.3%、广播 8.8%、网络 3.8%）比重的总和④。公众界定好记者的重要标准在于"关心百

---

① 《当代新闻职业道德》编写组：《新闻职业道德现状调查》，《新闻大学》，1996 年夏季号。

② 以上数据均转引自：张振亭、李析力：《我国记者社会形象的危机、成因及对策》，《新闻爱好者》，2009 年 10（下半月）。

③ 原调查者于千份有效问卷中随机抽取了 1000 份问卷。

④ 此次调查随机抽取 600 多个调查对象。其中济南市民占 70%，另外 30% 来自全国各地的调查对象则是通过互联网进行调查的。

姓疾苦"（54.5%）和"正直、人品好"（33.0%），仅有 6.2% 的公众认为"讲政治，服从领导"是好记者的标准。公众在对"记者职业最大的优势"的评价中，"能为百姓办事""能自由发表观点"和"有较好的社会地位和收入"成为排名前三位的选项。"相信"记者报道和"不相信"记者报道的占比大致相当（各有二成），超过半数（53.7%）的公众表示，相信与否取决于"得看哪家媒体"①。

又过了三年（2010 年），因为"有偿新闻""带有偏见""没有正义感"和"专揭名人隐私"等缘故，73% 的受访网民（N＝8464）对记者形象的认知为负面②。

近年，舆情对记者形象的评价有所改善，对当下记者总体评价较好的网民（N＝2000）占比达 53.4%（另有 38.7% 对记者评价一般）。而根据舆情反馈，现今记者最缺少的三大特质是：实话实说（59.4%）、良好的职业道德（54.0%）和质疑的精神（37.5%）。不过尽管如此，还是有 72.1% 的受访者认为，记者仍然是挖掘新闻事件真相的主力③。

在中国内地，传媒公信力因媒介和地域而呈现不同的评价：无论在城市或农村，电视的相对公信力都是最高的，其次是报纸和网络新闻，广播的相对公信力较低；在大型城市和中型城市，电视的相对公信力分别为 83.83% 和 82.59%，都高于特大型城市的数值（69.38%）④。

就具体媒体机构及其级别而论，中国中央电视台依然享有较高的社会信任度，其相对公信力⑤在内地每个城市均排名第一，远远超过地方电视台；都市类报纸相对公信力普遍较高，《人民日报》的绝对公信力虽然仍然较高，但其相对公信力出现了较大的降幅。相比之下，新兴媒体公信力的上升趋势明显，特别是门户网站和"境外"网站（凤凰网）。例如，较之新华网、人民

① 王倩、李要师：《2007 年记者公众形象调查分析》，《青年记者》，2007 年第 21 期。
② 环球时报：《调查称七成受访网友认为中国记者形象"负面"》，2010 年 11 月 10 日，http://news. sina. com. cn/o/2010-11-10/090321446711. shtml。
③ 《"记者节系列"当下，公众还怎么看传统的记者形象？》，《中国青年报》，2015 年 11 月 5 日，http://toutiao. com/i6213512269511262721/。
④ 喻国明、张洪忠：《中国广播电视公信力评测报告》，《民主与科学》，2006 年第 4 期。
⑤ 调查问题：如果同一条新闻在下面不同的电视台上的说法不一样，您最相信哪一家电视台？

网等主流媒体的网站，新浪网的相对公信力得分最高，而凤凰网在内地一些大城市如西安、沈阳、武汉、成都、广州和北京等地的绝对公信力得分最高①。

然而，尽管中国某些媒介的公信力略显下降趋势，但公众对一些媒介的信任值高达八成以上，明显高过其他国家的相应数据②。例如，英国仅有21%的公众认为记者值得信任，记者的信任度排名同银行家一样，只比信任度最低的政治家（18%）多3个百分点③。又如，在将近20年的时间里，美国新闻媒体的公信力呈现总体下降趋势。在全美重要的公共机构或组织的排行榜中，新闻媒体公信力排名仅略高于倒数第一的国会。其中，52%的美国公众认为新闻媒体"可信度有限"，41%表示"很难相信新闻媒体"；只有6%的人对新闻媒体表达了较高程度的信任④。

在美国，主流媒体可信度也连年下跌，根据皮尤研究中心（Pew Research Center）提供的数据，13家媒体的公信力持续滑坡。

	基于4级量表	
	正面（选择3或4）	负面（选择1或2）
2012	56%	44%
2010	62%	38%
2008	64%	36%
2006	61%	38%
2004	63%	37%
2002	71%	30%

图5-4　美国13家媒体的公信力均值变化（2002-2012）

同一数据来源提供的研究成果还显示，美国三大主流视听传媒集团——美国广播公司（ABC）、哥伦比亚广播公司（CBS）和全国广播公司（NBC）

① 《中国媒介公信力调查：电视报纸最受信任　新媒介增长快》，2013年4月27日，http：//www.china.com.cn/photochina/2013-04/27/content_28679742_2.htm。
② 张洪忠：《媒体公信力降低是洪水猛兽吗?》，2010年8月19日，http：//chinamediaresearch.cn/article.php? id=6429。
③ 《环球时报》：《英美记者收入地位持续下降》，2013年11月8日，http：//int.gmw.cn/2013-11/08/content_9426751.htm。
④ 丁磊、刘皓然：《美调查：新闻媒体公信力倒数第二国会倒数第一》，2016年5月6日，http：//www.tibet.cn/opinion/media_view/1462498251591.shtml。

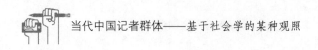

的公信力自 2002 年以来也不断下滑。

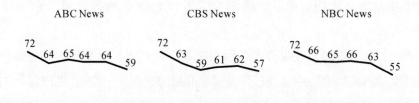

图 5-5 美国三大主流视听媒体的公信力变化（2002-2012）

2009 年至今，欧洲传统媒介（纸媒、电视、广播）的公众信任度大都维持在 40%到 60%之间，其中，与中国的情形截然相反的是，广播媒介一直保持领先地位，电视媒介其次，纸质媒介位列第三，网络媒介排名最后。根据 28 个欧盟国家以及 5 个观察国公民的看法（2015 年），除了纸质媒介的情况基本维持不变，其他媒介信任度的环比都有微弱下降，其中公众对广播媒介的信任度仍然最高达到 55%，电视媒介其次（48%），纸质媒介为 43%，互联网媒介为 35%，社交媒体为 20%①。在法国，占 55%的公众中信任广播媒介的新闻报道，其次为报纸（51%）和电视（50%），互联网的公信力为 31%。此外，另有 64%的法国人认为，记者的独立性受到政治与权力的压制，58% 的法国人认为记者受到金钱的影响②。

第三节　中国记者社会角色的多元认知

记者社会角色的认定包括内部和外部两个层面，即自身层面和公众层面。

当今全球媒介生态环境正在经历的深刻变革，不仅激发了传媒系统与社会其他子系统之间的互动碰撞，亦强化了传媒系统内部的竞争与合作。记者

---

① TNS opinion & social：Standard Eurobarometer 84 Autumn 2015，Media use in the European Union。

② TNS Sofres：Baromètre 2016 de confiance des Français dans les media，2016/02/02，http：// www.tns-sofres.com/publications/barometre-2016-de-confiance-des-francais-dans-les-media。

新闻话语生产的方方面面直接受到传媒生态巨变的影响，记者的社会角色认知也因而朝向多元化。

1. 现当代中国记者角色认知的动态发展

回溯历史演进，清朝末年和民国初年时，从公众对记者的称谓——曾分别为"访员"、"访事"、"通信员"①，就不难看出社会对记者群体的角色界定。新中国成立之后，政治话语不断改写记者群体社会角色的内涵与外延，中国记者角色定位的时代变迁轮廓至今依稀可见。在"阶级斗争为纲"的年代，记者被视为"政治活动的战士、哨兵""党的调查研究的专业人员""党和政府的喉舌与耳目"等，即政治工具。到了改革开放后的90年代，在公众心目中，记者的时候角色带有明显的社会服务性，是"信息时代的骄子""公众利益的'守护神'、社会舆论的'导向人'"。进入21世纪后，记者的角色又扩展成"社会活动家，全心全意为人民服务的勤务员，广大群众利益的捍卫者和代言人""为受众而产生、存在和工作的职业群体；信息流通的始点；反映时代、记录历史的人；大众和社会的'教师'；'文化人'；社会活动的活跃分子和专门家"②。对记者社会角色的这些表述概括是否全面、主观色彩是否过浓，姑且不论，多元化认知本身至少表明，记者的社会角色一直是历史的、动态的，契合时代发展的，但有时也并不是十分清晰和确定的。

在记者被视作纯粹的政治工具的年代，新闻报道实践是内化于政治意识形态宣传的，受众的概念缺位，在很长时间内，"新闻宣传"是一种综合性表述——新闻报道全等于政治宣传。当计划经济逐渐让位于市场经济之后，服务和消费的理念深入到社会生活的各个层面，加之传媒生态变革和报道垄断权解构，社会审视记者角色的眼光也不同于以往。而记者群体对自身的角色定位也发生了怀疑和动摇，国外新闻传播实践以专业主义为特色的经典理念（如传媒的公共性、记者的自律、新闻工作的自主性、基于公共服务的职业伦理准则等）也开始影响中国同行。记者群体逐渐意识到了"威权话语"

① 林如鹏：《新闻采访学》，暨南大学出版社，2004年。
② 陈力丹、江凌：《改革开放30年来记者角色认知的变迁》，《当代传播》，2008年第6期。

与"社会责任"以及"政治宣传"与"服务大众"的二元结构困境。这在中国记者的新闻话语生产实践中，也就是新闻学界和业界一直在苦苦思考的"党性"与"人民性"的关系。

以当代中国的社会语境而论，即使是经济改革取得了举世瞩目的成就，文化体制改革亦有长足的进步，但政治改革的推进始终是小心翼翼，在新闻传播领域，马克思主义新闻观从来都是记者报道实践的指导思想，新闻的党性原则和舆论导向意识一以贯之地得以坚持，直到中共十八大以后，尊重新闻传播规律，尊重传统媒体和新兴媒体发展规律才得以反复强调，"新闻报道等于宣传工作"的传统理念才有所松动，顶层首次出现了"党的新闻舆论工作"的表述①（而在此之前，相应的表述历来是"党的新闻宣传工作"）。

海外新闻学界对于中国记者的角色定位却有另一种别样的审视，在一些学者的眼中，即便在中国改革开放以后，传媒在国家体制与市场经济共谋的框架中也无法实现社会公器的角色，反而会更加依赖国家②，成为"党的公关公司"③。其实，这种看法并不符合中国传媒发展的实际情况。自中国传媒市场化以来，媒体和记者群体都经历了巨大而深刻的冲击，资本力量和商业逻辑几乎瓦解了媒体机构内部的既有架构，在挑战政治话语的同时，也实实在在地激发了新闻业的生机。新闻不再是单纯的意识形态宣传工具，而逐渐具有了信息提供、知识普及、思想传达、公众利益表达等服务性功能，甚至成为适度地、有策略地评判政策、制约政治权力的社会监督者。一些长期以来被视为"禁区"的报道领域，也渐渐突破，改革开放之前，记者不能报，不敢报的事件、人物或观念等，而今已成为了新闻报道的热点，反过来又推动或影响了社会的变革和公众价值观的改变④。中国记者不再仅仅是政治文化框架的组

---

① 2016 年 2 月 19 日，习近平在调研《人民日报》、新华社和中央电视台之后，在北京主持召开了党的新闻舆论工作座谈会，并发表重要讲话。

② 周翼虎：《抗争与牢笼：中国新闻业的市场化悖论》，《（台湾）新闻学研究》，第 100 期，2009 年 7 月。

③ He, Zhou. (2000). Chinese Communist Party press in a tug of war: A political economy analysis of the Shenzhen Special Zone Daily, In Chin-Chuan Lee (Ed.), *Power, money and media: Communication patterns and bureaucratic control in cultural China* (pp.112-151). Evanston, Ill: Northwestern University Press。

④ 熊蕾：《报，还是不报？——近 30 年中国媒体新闻价值观的变迁》，2008 年，http://www.wyzxwk.com/Article/sichao/2009/09/26424.html。

成构件，而的确担当起了国家与社会"中间领域"的角色，开始在一定程度上、一定范围内反映民生，表达民意①。不难看出，随着传媒生态的变革，记者的社会角色出现了新的属性，在国家现代化、民主化进程中发挥新的影响作用。

中国记者社会角色的建构是一个博弈的过程，个中，多种元素的竞争、合作、对话、妥协和谅解此起彼伏。在传媒市场化程度不断推进的过程中，传媒也开始以一个相对自主的生态形式与社会的其他生态展开互动，有时，传媒的社会功能与其他社会子系统（如教育、司法、外交等）的功能难免发生交叠和冲突，媒介审判、媒体外交、记者外交，抑或是媒体干预等，都是彼此影响、互相制约的典型例子，近年来亦日益广受关注。而对这些现象的相关思考则包含了对记者社会角色的重新认知和界定，其中不乏肯定和鼓励。

记者群体如何建构对自身的角色认定，变化如何，是世界许多国家都在研究的课题，例如，美国、法国每十年都会进行一次全国性的记者调查。欧美国家的历时性和共时性研究所提供的数据，尤其是有关记者社会角色变迁的因果关系及趋势走向的研判，都是可资借鉴的宝贵经验。

2. 当下中国记者的角色认知

最近三十余年来，中国有关记者角色的研究已经逐渐形成体系，理论框架日趋完善不少结合社会变迁发展以及传媒扩张的思考开展的经验调查，也取得了可观的成果。

值得注意的是，在当下中国新闻职业场域中，记者群体并未在价值共识、实践规范、职业伦理等新闻专业精神方面达成共识②。对自身角色的认知亦不尽趋同，认为自己应该充当分析和解释跟公众有关的社会问题的角色的记者比例，与认为自己的角色应该是党和政府决策的传播者和解释者的记者比例相当接近③。社会对于记者角色的认知也较为多元，例如，按文化、政治和经

①　廖圣清、张国良、李晓静：《论中国传媒与社会民主化进程》，《现代传播》，2005 年第 1 期。

②　张志安：《互联网时代："传播行动者"的重构——第五届中国青年传播学者研讨会综述》，《现代传播》，2013 年第 1 期。

③　陈阳：《当下中国记者职业角色的变迁轨迹——宣传者、参与者、盈利者和观察者》，《国际新闻界》，2006 年第 12 期。

济等属性，将记者角色界定为儒家模式的文人论政型、毛泽东模式下党的喉舌型、市场化模式下的商业与意识形态交织形态①，又如，依照社会作用，将记者视作宣传者、参与者、盈利者和观察者并存的状态②。

事实上，记者对自身多重角色的认知也是在不断演进中的：在临近 20 世纪末的 1997 年，中国记者曾将充任的角色按重要程度进行排序，其中，"提供信息、报道新近事件、帮助人民了解政策、实行舆论监督、引导舆论、推动社会改革、'人民的喉舌'、报道可靠信息、阻止流言传播"等，都被视作记者群体担当的首要社会角色；排在其后的是解析新闻、政策，以及发挥教育功能和服务功能等；而声援社会公益团体以及发挥媒体监督，或作为"看门狗"等角色认知则排在不那么重要的位置③。21 世纪以来，中国记者群体对于自身社会角色的认知有所变化，"迅速准确的报道国内外新闻""对老百姓所关注的社会话题提供分析和阐释""揭露和批评社会不良现象"和对党政机关公务员的监督等，被认为是媒体最重要的社会功能，但对在公共空间建构、娱乐休闲等方面发挥的作用并不被十分认可；到了 2012-2013 年期间，记者群体将"记录者"和"传播者"视作自身最重要的角色，而"喉舌"角色的分量明显下降，不过，对自身担当"监督者"的角色以及在影响舆论等方面的重要作用仍然不具备信心，甚至都低于媒体市场效应的感知④；记者们认为，在日常的新闻生产中，自己实际上主要是宣传者，其次才是传播者和推动者，最末是盈利者⑤。尽管如此，还是可以看出，随着时间的推移和历史的进步，记者对其社会角色的认知日渐回归新闻传播实践的本原。

目前，中国记者在看待自身角色时，对于如实报道新闻、做公正冷静的旁观者以及解析新闻事件的认同度最高⑥；代表监督者（如监督政府及官员）

---

① 李金铨：《超越西方霸权——传媒与"文化中国"的现代性》，香港：牛津大学出版社，2004 年。

② 陈阳：《当下中国记者职业角色的变迁轨迹》，《国际新闻界》，2006 年第 12 期。

③ 喻国明：《中国新闻工作者的职业意识与职业道德》，《新闻记者》，1998 年 3 月。

④ 张志安、吴涛：《"宣传者"与"监督者"的双重式微——中国新闻从业者媒介角色认知、变迁及影响因素》，《国际新闻界》，2014 年第 6 期。

⑤ 陈颂清、夏俊、柳成荫：《全国新闻从业人员现状分析：以"60 后""70 后""80 后"的代际比较为视角》，《新闻大学》，2014 年第 4 期。

⑥ 丁迈、缑赫、董光宇：《全国广播电视新闻从业者调查报告》，中国发展出版社，2016 年。

以及喉舌作用的认知次之；之后才是对教育、政治参与以及市场等角色的认可（图5-6）。

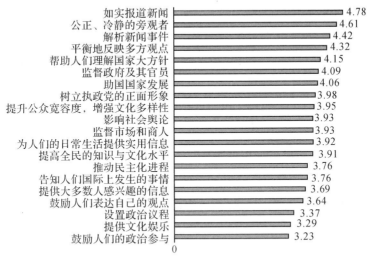

如实报道新闻	4.78
公正、冷静的旁观者	4.61
解析新闻事件	4.42
平衡地反映多方观点	4.32
帮助人们理解国家大方针	4.15
监督政府及其官员	4.09
助国国家发展	4.06
树立执政党的正面形象	3.98
提升公众宽容度，增强文化多样性	3.95
影响社会舆论	3.93
监督市场和商人	3.93
为人们的日常生活提供实用信息	3.92
提高全民的知识与文化水平	3.91
推动民主化进程	3.76
告知人们国际上发生的事情	3.76
提供大多数人感兴趣的信息	3.69
鼓励人们表达自己的观点	3.64
设置政治议程	3.37
提供文化娱乐	3.29
鼓励人们的政治参与	3.23

图5-6　记者对自身角色重要性的认知

若将图中的认知选项大致分为以下5类①，则可以较为清晰地描述当今记者的社会角色：

1. 信息传播与解析者角色：如实报道新闻、公正冷静的旁观者、解析新闻事件、平衡反映多方观点；

2. 喉舌角色：树立执政党的正面形象、助力国家发展、帮助人们理解国家大方针；

3. 看门狗（Watchdog）角色：监督政府及官员、监督市场和商人、设置政治议程、推动民主化进程和影响社会舆论；

4. 教育者角色：提升公众宽容度，增强文化多样性、提高全民的知识与文化水平、告知人们国际上发生的事情、鼓励人们表达自己的观点；

5. 服务者角色：提供大多数人感兴趣的信息、提供文化娱乐、为人们的日常生活提供实用信息。②

---

① 根据丁迈、缑赫、董光宇：《全国广播电视新闻从业者调查报告》的因子分析结果分类。

② 这一面向其实集合了信息发布、信息阐释以及公共空间角色三类角色，更贴近于新闻专业主义面向。

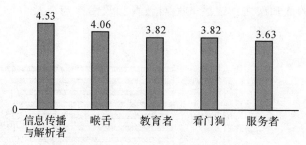

图 5-7　中国记者群体对五种社会角色重要性的判断（5 级量表）

显而易见，记者对自身社会角色的认知已经朝向回归新闻报道的本体意识，对充任"信息传播与解析者"角色的认同度最高，其次不忘国情，依然重视"喉舌角色"（这两种认知在 5 级量表的均值均高于 4 分），而对"看门狗角色"和"教育者角色"的认知均值相当，表明了这两类角色在记者心目中占有同等地位；尽管排在分类最后的是记者的"服务者角色"，但均值也高于 3，从某种意义上而言，这一认同偏向是否或多或少也从侧面反映出记者群体面对资本力量的无奈和妥协？

不过，在当前的传媒生态环境中，中国记者对自身职业角色的认知存在一定程度的多元性和发散性。仅以记者个体的婚姻状况与角色认知的关系为例，单身（未婚）记者对于新闻工作"树立执政党的正面形象"作用的同意程度，低于已婚记者；单身（未婚）记者在新闻工作"提升公众宽容度，增强文化多样性"的作用上，同意程度略高于已婚记者。站在社会学角度对此的解析是，家庭的存在对于成员的社会意识起到了一定的框架作用，单身（未婚）记者在精神层面受到的束缚较少，相关见解更为自由；而记者婚后担当了家庭的责任，思维和行为或偏向更加正统而保守。此外，对于记者在解析新闻事件、提供文化娱乐、提供大多数人感兴趣的信息、鼓励人们表达自己的观点等四种角色的认知，还与媒体的行政级别之间存在负相关关系[1]。

自从 1978 年实行改革开放政策以来，中国内地的媒体逐步从单纯服从政治话语的宣传工具，渐渐转变为以服务政治话语为主、兼顾其他权力话语的运作模式。随着市场化程度不断加深、新兴媒体崛起，话语主体日益多元，

---

[1]　丁迈、缑赫、董光宇：《全国广播电视新闻从业者调研报告》，中国发展出版社，2016 年。

记者群体原有的垄断性话语权力也不断受到公民话语的挑战，与此同时，政治、经济与技术的重重压力对媒体社会功能的发挥和记者新闻话语生产的自主性也造成力量极大的制约。

在社会对记者作为"监督者"的角色期待方面，媒体固然可以通过批评报道、监督公权力来进行回应，但从本质上来说，发挥舆论监督作用在整个新闻话语生产中的比重，记者的认知未必十分清晰。如今，在媒体和记者眼中，尤其是在学者眼中，我国舆论监督更为贴切的解读或是"公共利益的看门狗"。有时，媒体一些曝光社会负面现象的调查性新闻报道，与传统意义上播发有关部门的调查结果的日常性新闻报道，二者之间的界定未必明晰。社会对于记者发挥的"舆论监督者"作用的认知，其实特指由传媒或记者首先独立起意，揭露拥有权力话语的个人或机构/组织有意遮蔽的事实真相的作为，契合的正是中外新闻界对调查性报道的定义。（这方面值得关注的是，近年来媒体的反腐报道所呈现的话语特色，即以非事件性选题为主，从文本上分析，报道标题多为非表达观点型，叙事形式多样，言简意赅，但评论力度略嫌不足，缺少对部分行业和地区的曝光和监督①）。

虽然，对记者社会角色的认知不尽一致，但中国记者群体对自身社会地位的评价还是相当满意，感觉自己的社会地位较低的记者仅有 5.2%，而近六成的记者认为当下自己的社会地位相对较高②。

第四节　融媒时代中国记者职业的制度建设

1. 记者管理制度与新闻报道侵权

就目前的中国社会结构而言，单位不但仍是社会组织的至关重要的基本元素，而且还一直以体制属性来规制职业的发展及其从业者的行为取向。由

---

① 刘青：《十八大以来〈人民日报〉反腐新闻研究》，《青年记者》，2015 年第 29 期。

② 《中国青年报》：《"记者节系列"当下，公众还怎么看传统的记者形象？》，2015 年 11 月 5 日，http://toutiao.com/i6213512269511262721/。

于媒体的事业属性，依附于单位的记者无时不受到体制性的行政束缚，但又因为媒体的市场化经营模式，今日的中国记者群体并不被视作纯粹的意义生产者，而是被机械地等同于普通意义上的劳动者，并用工业流水式生产的绩效考核来进行管理，加之融媒时代技术理性的梦魇，记者的主观能动性和创造性受到极大的压抑，除了不由自主地怠惰因循，就是心甘情愿地自我审查，记者的历史使命和社会责任都被抛之脑后，这其中有无奈，也有职业伦理问题，唯有记者职业的制度变革与建设才有可能标本兼治。

与经济利益密切啮合的绩效考核制度被引进中国媒体管理后，于 20 世纪 90 年代末开始占据新闻话语生产的主导地位，后虽不再以数量为追求的目标而讲求质量激励，但毕竟倾向于只考虑眼前利益而无心战略发展，只侧重用薪酬激励或设置等来刺激生产，而罔顾媒体发展的前瞻性、整体性和平衡性。将这种管理方法应用于智力生产，反倒使得媒体内部竞争加剧，部门之间壁垒森严，编制重复，造成极大的人力资源浪费。有时，为了单纯地追求传媒经济效益，非但偏废社会效益，甚至还有可能通过其他一些途径，如包装新闻产品、开发外部供稿系统、免费使用实习生劳动力等，来完成生产指标，反向作用于绩效考核制度。

更有甚者，在融媒时代"三微一端"（微博、微信、微视频和新闻客户端）的发展过程中，记者在从事新闻生产的同时，还得承担内容推广和媒体推广等原属经营部门范畴的职责，因为在绩效管理已将稿件的点击量、阅读率、视频播放率等直接与记者的薪酬收益挂钩。这种制度设计虽然刺激了内容生产速度的提升和传播范围的扩大，开发了新兴媒体内容承载潜力以及媒介消费者的注意力经济，但无疑也影响记者的专业精神理念，使得记者在新闻实践中无法心无旁骛地履行历史使命和担当社会责任。

自 1985 年以来，中国（内地）已经发生过上千起与新闻报道有关的司法纠纷，在这些关乎新闻的诉讼案中，绝大多数是涉及名誉侵权的官司（例如因重名引发的诉讼①）。然而，由于记者职业的制度性建设仍不够完善，近年来的新闻官司中，也出现了一些以往不曾遇见的诉讼类型，例如，媒体成为被告，原

---

① 周泽新、戴佳兵：《记者维权：成功反击恶意诉讼》，《民主与法制》，2002 年第 22 期。

告是新闻内容的消费者，而非新闻报道的对象。这些原告——失实新闻的受害者由于听信新闻报道的导向，行事的结果却是蒙受损失，遂起诉媒体和记者。

社会公众对于记者形象的认知已然发生变化，中国社会曾经风行的"上访"找媒体现象似乎有点时过境迁，过去记者头顶的"无冕之王"光环如今似乎亦黯然失色。

2. 中国记者与职业安全

近年来，全球记者在新闻实践中遭受威胁、阻挠乃至暴力攻击的现象，不仅日益普遍，而且还呈现增加的趋势，有时，战地记者的伤亡率甚至高于军人。南美国家的一些记者甚至表示：已经把死亡和杀戮的威胁当作工作的一部分。除了战地，世界各地记者人身安全遭遇威胁的情况，大多与采访国内的犯罪、腐败等案件有关。更为令人不安的是，对记者人身安全的攻击者或威胁者未必被绳之以法受到惩处。因此，不少经历过人身安全事故的记者受到了极大的精神创伤，有的多年后惊恐的阴影仍然挥之不去，被迫求助心理治疗，有的只好离开记者职业。

记者的职业安全问题，已在一定程度上提升到全球社会关注和重视的层面，例如，2004 年，一家名为"新闻象征运动"（Press Emblem Campaign）的非营利性全球媒体观察机构在日内瓦成立。这家国际非政府组织（INGO）专门从事有关保护新闻从业人员的人身安全的活动，希望通过动员公众、媒体和其他团体，呼吁社会共同行动。2011 年 9 月，联合国举行了史无前例的一次机构间会议 UN Inter-Agency Meeting[①]，专门讨论记者的人身安全问题。2012 年 6 月，世界媒体峰会在北京举行了为期 5 天的全球记者安全培训班，为亚、非、欧、拉美 30 个国家的 50 多位主流媒体业务骨干提供在战争、冲突、疾病、自然灾害等恶劣环境下，有效、安全地进行报道的实用性策略。2013 年 7 月，联合国安理会召开会议，专题商讨战地记者安全保护。

在中国，因记者在其职业实践中遭受的人身安全问题而导致正常的新闻

---

① UNESCO：UN Plan of Action on the Safety of Journalists and the Issue of Impunity，online from：http：//www.unesco.org/new/en/communication - and - information/freedom - of - expression/safety - of - journalists/un-plan-of-action/，retrieved on 23/08/2016

生产秩序无法保证的现象并不鲜见，一些从事监督报道的记者对此甚而已经习以为常①。大多数记者都曾有过在采访中遭遇阻挠的经历②，记者被打事件也屡屡发生，传媒业界甚至将此类事件频发的 2001 年称为"记者被打年"。在此后的十年中，无论中央媒体还是地方媒体的职业记者人身受攻击事件不减反增。在对记者实施暴力的责任人或嫌疑人中，不乏来自党政机关、医院、教育机构、公检法机关（公安、警察、城管）、娱乐界、社会团伙。其施暴的理由各异，不过在记者方面，也的确存在新闻调查方式方法或个人言谈举止不当，新闻职业伦理道德失范等问题。然而，不管起因如何，此类事件发生后，司法或行政追究并不给力，多数情况下，都是采取"私了"（私下解决）的方式，甚或不了了之③。其严重后果是不仅直接导致了一些新闻报道事倍功半，甚至半途而废，记者社会实践的积极性也因此受到挫伤，在从事批评性报道时不免产生自我审查的规避心理，而且还令记者的社会地位面临极大的挑战。

近年来，在全球层面，各国政府和行业组织都纷纷加大对记者人身安全的制度性保障力度。作为中国记者的全国性社会团体，全国记协（中华全国新闻工作者协会）一直将维护新闻工作者的合法权益、形成有效的法律保护措施，作为工作重点之一。早在 1997 年 12 月，《福州晚报》记者因采访报道地下博彩业得罪黑势力，而在住所遭到枪击恐吓后，全国记协立即进行干预，敦促当地政府进行查处。如果说，这属于全国记协首次就威胁记者人身安全的事件公开表明立场和声援态度的话，那么次年成立的记者权益保障机构以及之后问世的《新闻工作者威权自律法律手册》，都可以视作中国记者职业制度建设的进步。而后，中国记者提升自我保护意识与发挥舆论监督作用日渐相提并论。

目前，中国（内地）涉及记者权利保护的法律法规条款约有 200 多处，但融媒时代中国记者职业的制度建设，需要从法律、规制、社会保障等方面加以完善，仅靠道义上的声援或出台行政和司法文件远远不够，保障记者新

---

① 《中国新闻出版报》舆论监督维权热线记者：《记者采访缘何屡遭暴力阻挠?》，《中国新闻出版》，2011 年 8 月 30 日，第 5 版。

② 张景勇、陈菲、周婷玉、吴晶晶：《超半数记者在采访中遭遇阻挠》，《新华每日电讯》，2004 年 11 月 8 日。

③ 谭瑞英：《近十年中国记者被打现象分析》，湖南师范大学，硕士论文，2012 年。

闻实践的职业安全离不开社会各界的共同努力，还需要借诸社会多方面的协同努力：在帮助记者了解相关法律法规的基础上，鼓励记者争取职业活动更为有效的空间，同时，敦促记者恪守新闻职业伦理道德。

3. 作为职业制度建设的记者证管理

1）新中国记者证制度的发展

在中国内地，1949 年以来，作为记者职业活动证明文件，最早的形式是媒体开具的采访介绍信，记者凭介绍信和自己的工作证，即可在新闻采访活动中获得一些便利和照顾（例如，在旅馆住宿或使用公共交通工具长途旅行时的票务方面的优先等），后来介绍信这种形式，逐渐演变成媒体自行发放的采访证、记者证，但相关的管理分散而缺乏规范，因而，也时有滥发记者证、不法分子伪造和冒名使用记者证乃至变相贩卖记者证等反常情形出现。

1987 年，国家新闻出版署（后更名为新闻出版总署）成立，并在两年后（1989 年）面向全国的报刊媒体发放了第一批统一的新闻记者证，媒体的职业证件管理工作首次由全国性的公权力机构负责，标志着中国记者职业的制度建设规范化的正式启动。

从 1998 年开始，全国统一的新闻记者证发放从报刊媒体扩展到广播电视媒体。基于广电媒介所具有的特殊性，在与国家新闻出版总署合并（2013 年）之前，国家广电总局负责广电媒体记者证管理。为此，广电总局曾在 2004 年 6 月颁布了《广播电视编辑记者、播音员主持人资格管理暂行规定》，制定了广播电视采编播人员的包括资格考试、执业注册等在内的一系列资格认定制度。相关资格考试按照全国统一大纲，进行统一命题，每年统一举行一次；在具有一定学历（大专以上）、取得考试合格证之后，并且在制作、播出机构相应岗位有一年工作经验以上的人员才能在符合相关规定的前提下，获得相应岗位资格证书，这一证书"由国家广电总局统一印制，是持证人具备广播电视编辑记者、播音员主持人执业资格、从事广播电视采访编辑或播音主持活动的唯一有效的凭证"，需两年续办一次①。而纸质媒体新闻记者证

---

①　国家广播电影电视总局：《广播电视编辑记者、播音员主持人资格管理暂行规定》，2004 年 6 月 18 日。

管理仍归属国家新闻出版总署。例如，2009 年全国第四次记者证换发时，相关工作由国家新闻出版总署主导。广电媒体记者管理也被纳入，但新闻报刊记者资格审核由新闻出版总署认定；广播、电视记者资格审核则由国家广电总局认定①。

根据媒体级别以及媒介类型的不同，中国新闻记者证的设计有不同的颜色标识。当时，网络媒体记者管理由国务院新闻办公室负责，暂未发放记者证。中国记者证的换发时间亦逐步规律化，除了个别例外的情形②，每 5 年更新一次。

为了完善记者职业的制度化建设，中国记者证管理工作自 2003 年始，实现了网络化，不仅运用互联网技术进行记者证换发工作，而且还建立了全国新闻记者证核验网络系统，每一位公民都可以通过中国记者网，对新闻记者的真实身份进行核验与确认。2013 年，国家新闻出版总署与国家广播电影电视总局合并为国家新闻出版广电总局，负责包括全国报刊、广播、电视等媒体记者证的监制审核、发放、备案和管理工作。中国（内地）记者职业的制度建设进入了新的发展阶段。

作为成文的职业证件制度性管理规章，最先于 2005 年出台的《新闻记者证管理办法》沿用至今③，并于 2009 年进行修订。这一规章对于新闻媒体做出了明确的界定，指"经国家有关行政部门依法批准设立的境内报纸出版单位、新闻性期刊出版单位、通讯社、广播电台、电视台、新闻电影制片厂等具有新闻采编业务的单位"④。《新闻记者证管理办法》修订版第二十八条明确规定："新闻机构不得聘用存在搞虚假报道、有偿新闻、利用新闻报道牟取不正当利益、违法使用新闻记者证等不良从业记录的人员"，为此，国务院新

---

① 中华人民共和国新闻出版总署新闻报刊司：《关于 2009 年换发新闻记者证的通知》，http：//www.gapp.gov.cn/baokan/oldxwbks/contents/3770/143586.html。

② 中国记者证的第三次换发于 2009 年进行，与前一次换发（2003 年）间隔六年时间。

③ 需要注意的是，新闻网站的记者证发放需要依据其他的相关规定，如《互联网信息服务管理办法》《互联网新闻信息服务管理规定》《新闻记者证管理办法》《国务院关于授权国家互联网信息办公室负责互联网信息内容管理工作的通知》等。参见：中国政府门户网站：《全国新闻网站将正式推行新闻记者证制度》，http：//www.gov.cn/xinwen/2014-10/29/content_2772201.htm。

④ 中华人民共和国国务院新闻办公室：《新闻出版总署就修订〈新闻记者证管理办法〉答记者问》，http：//www.scio.gov.cn/xwfbh/gbwxwfbh/xwfbh/xwcbzs/Document/432011/432011.htm。

闻办公室也特别强调了"强化监管责任，细化年度核验措施"的重要性。①

从 1989 年第一次发放全国统一的新闻记者证至今，职业记者群体的成员数量也在不断变化中：据统计，1998 年，全国共计发放记者证 50 万本②；而到了 2007 年，全国核发的记者证总数大为减少，约为 24 万本。但据中华全国记协估计，包括没有记者证的在内，中国内地新闻从业人员总数为 75 万名③。未持证记者的比例极高（如 2007 年的一项调查显示，首都部分新闻单位平均持证率仅为四成）。其中，广电系统大量聘用和临时人员以及摄像等所有技术人员均无记者证，电视台记者的持证率仅在 30% 左右④。时隔 5 年（2012 年），全国持有记者证的人数约为 25 万（实为 248101，其中，供职报刊媒体的职业记者为 105942，广电媒体和通讯社记者达 142159 人），男女记者比例为 57%：43%，31-50 岁的记者占比 72.2%，30 岁以下和 51 岁以上的记者分别占比 12.7%、13.9%⑤；而到了 2015 年，中国持证记者人数降至 20.8 万（近 3 万新闻从业者正在申领记者证），其中，报刊记者 87609（占总数的 42%），通讯社记者 2599 人，广电记者 116735 人，记者群体年龄结构无明显变化，但女性记者占比上升了近 4 个百分点。是年，新闻记者证正式面向新闻网站的采编人员开放，首批共 594 人正式领取新闻记者证（国家新闻出版广电总局会同"网信办"——中央网络安全和信息化领导小组办公室暨国家互联网信息办公室，将分期分批向新闻网站合法记者证，"网信办"负责新闻网站编辑记者培训和资格审核把关，国家新闻出版广电总局负责核发记者证）。如今，中国内地的媒体中，还有相当数量的新闻从业人员没有获得新闻记者证，持证记者和无证的新闻业者之间的比例约为 1：4，由此推论，中国新闻从业人员的总数超过 100 万⑥，如果加上 300 余万网络新闻工作者⑦，

---

① 中华人民共和国国务院新闻办公室：《新闻出版总署就修订〈新闻记者证管理办法〉答记者问》，http://www.scio.gov.cn/xwfbh/gbwxwfbh/xwfbh/xwcbzs/Document/432011/432011.htm。

② 胡甜甜：《论我国记者证管理、使用之误区》，《新闻记者》，2012 年第 6 期。

③ 阚敬侠：《从记者证看新闻业劳动合同的规范——新闻业怎样贯彻劳动合同法》，《中国记者》，2008 年第 2 期。

④ 同③。

⑤ 中国新闻传播网站，http://www.chinaxwcb.com/2012-11/08/content_256531.htm，2012 年 11 月 8 日。

⑥ 记者网，wap.jzwcom.com，2010 年 8 月 17 日。

⑦ 周葆华等：《中国网络新闻从业者生存状况调查报告》，《新闻记者》，2014 年第 4 期。

中国记者总数或为世界第一。

2）记者证的象征性权威

随着中国记者的职业制度建设不断推进，当今中国内地的记者凭据职业身份象征符号——新闻记者证，确实获得了从事社会实践时以及记者最重要的权力——采访权的基本保证。有时，甚至成为记者个人职业安全的前提，没有新闻记者证而从事采访活动，或有生命之虞。例如，2007 年，《中国贸易报》一名聘用记者在采访"黑煤窑"事件时，因无法出示记者证而被人打成重伤，翌日不治身亡。事后，无论是其所在媒体的声明，还是相关政府部门公布的调查结果，均以其"没有记者证"而否认当事人的记者身份，认为其"没有采访资格"①，并认定其相关行为属于"新闻敲诈"②。这些看法激起了新闻业界和学界广泛的关注和讨论，尤其是能否以持有新闻记者证，来判定记者职业身份一说，更是成为争议焦点。学界有人认为，记者证仅仅是一种身份标识。一些机构限定采访者必须持有记者证，并非是出于记者身份的考虑，更多的是为了提高采访准入的门槛③。

更为值得关注的是，整个事件实际上隐含着中国（内地）地方政府、资本力量以及媒体之间的复杂博弈。在错综复杂的当代社会关系中从事新闻活动，出示记者证等于表明了记者的职业身份，象征着记者的采访工作和权益的合法化。就事论事，在记者被殴致死事件中，有关部门和涉事方将"没有记者证"作为"新闻敲诈"的辩护论据，显然是缺乏法理性的。事实上，与"黑砖窑"类似的现象在当地并不新鲜，此事发生之前，就已有大量记者在当地进行调查和报道。但是，在当地政府绩效——"黑砖窑"业主盈利——媒体创收这一利益链中，不仅出现了有闻不报等有违新闻职业伦理道德的常态化现象，而且也不乏一些"假记者"专门利用这一利益关系链，进行"新闻敲诈"的事例。就在相关事件发生的前一个月，当地

---

① 刘海明：《新闻采访权是否记者证持有者的专利》，《新闻记者》，2007 年 5 期。

② Cody，E.（2007）. *Blackmailing By Journalists In China Seen As "Frequent"*，Washington Post，Foreign Service. Washington：A01。

③ 胡甜甜：《论我国记者证管理、使用之误区》，《新闻记者》，2012 年第 6 期；陈杰人《采访报道是衡量真假记者的唯一标准》，南方网 2007 年 1 月 17 日。

权力部门还发起了打击"假报假刊假记者专项行动",并明文界定:"凡未经国家批准的出版单位在社会上公开发行的报纸、期刊均为假报假刊;凡不持有新闻出版总署核发的《新闻记者证》,从事采访活动的人员均为假记者。"①

在建设和完善新闻活动职业制度过程中,记者伦理道德的滑坡有时会导致一定程度的行政干预。2009 年,广东省下辖的一个地级市的媒体主管部门拟发一种需要每年审核,年初换新的"专用采访证"②,尽管以"进一步关心支持媒体,营造良好舆论环境"为初衷,但这一设想及其不同的解读,仍引发争议,尤其是对于报道严重失实将被吊销专用采访证以及会议、活动主办方享有刊播前审稿权的提法,更是遭遇强烈反弹。因为,这种地方行政干预的做法,显然与国家相关主管部门的规制发生冲突。根据《新闻记者证管理办法》第 6 条的规定:"新闻记者证由新闻出版总署统一编号,并签印新闻出版总署印章、新闻记者证核发专用章、新闻记者证年度核验标签和本新闻机构(或者主办单位)钢印方为有效。其他任何单位或者个人不得制作、仿制、发放、销售新闻记者证,不得制作、发放、销售专供采访使用的其他证件。"③从法律的层面而言,"专用采访证"实际上是给记者的新闻采访活动设限,属于不符合法理、变相设立行政许可的行为,有悖于中国《行政许可法》有关地方政府部门无权就行政许可的事项做出规定的条文。在记者职业制度建设中,各级政府应该主动配合媒体的新闻采访活动,而不应以支持记者采访报道为由,设置障碍,限制记者的新闻报道。政府过度的干预无益于媒体的舆论监督。

目前,在日常的新闻生产过程中,作为身份象征的新闻采访证,更具权威性和体现实用价值性的,通常在于异地采访时,特别是事关突发性的、负面的新闻的异地采访时,对于当地媒体和记者,权力部门会相对表现出一定程度的宽容。这种区别看待新闻采访证的态度背后，实际上是媒体与政治话语之间的"共生"（Symbiosis）关系在发生作用。

当前，另有一个值得注意的现象是，全国各地记者持有新闻采访证的情况在地理分布上呈现差异显著的特点，例如，北京、福建、四川三地的广电记者持证比例高于80%，江苏为75.1%，浙江、黑龙江、陕西持证记者的比例也都在六成以上，但贵州的持证记者比例较低，不足总体的一半①，这方面可能解释的原因或是媒体的地域性差异，或是全国职业记者群体的结构性失衡（高学历、具有新闻传播学教育背景的记者普遍集中于经济发达地区②），这种现实情形显然影响到国内不同地域的新闻信息流向，不利于国家经济的平衡发展，应该引起重视和改进。

事实上，在中国新闻生产和记者职业制度建设的实际过程中，还存在一些误区，例如，国家级主流媒体的不少资深的新闻业者以为，记者证在日常新闻实践中实用性不强，每年换发又必须经过严格的核检手续，或有平添麻烦之嫌，因而在自己的记者证到期后，反而不再申领。为此，作为职业身份标识的新闻采访证制度在建设时，应该注意进一步提升记者证的权威性，有关部门接受采访时，以只接待有记者证的新闻从业者为宜，这样不仅能规范记者的职业活动，也能减少新闻道德失范的现象。

既然记者证的管理属于职业制度建设的范畴，事关记者群体社会地位的合法性，因此记者证的发放也应更加细化，这方面欧美新闻同行的相关经验可资借鉴：针对工作时间不足两年的记者，不妨设立实习记者证制度作为过渡，此其一；由独立于公权力的行业组织，例如"美国新闻协会"（US Press Association）、"英国记者证管理局"（UK Press Card Authority）和"法国职业记者证委员会"（Commission de Carte d'Identité des Journalistes Professionnels）等第三方机构，来负责新闻记者证的发放与管理，这样更有利于记者职业的自律与他律，成效更佳，在中国，全国记协完全可以发挥相同的作用，此其二。

---

① 丁迈、缑赫、董光宇：《全国广播电视新闻从业者调研报告》，中国发展出版社，2016年。
② 同①。

第六章　中国记者职业未来发展趋势展望

（代结语）

其实，以社会学视角对记者职业进行观照，肇始于 19 世纪的美国。现今，针对记者个体、媒体组织、新闻文化与社会环境的研究著述早已汗牛充栋，尽管系统性地从记者个体层面开展的大规模调查研究的学术历史并不久远。

在中国新闻学界，基于经验性的调查方式，并以社会学的视角来理解中国传媒业及记者职业的变化与发展，也不过是最近三十年兴起的学术旨趣。这一领域的常态化研究或许仍待时日，但随着我国对记者研究的关注不断提升，以及当今新闻实践本身在网络数字时代遭遇的越来越多的新机遇和新挑战，相关研究的思路、方法、视角等不断创新，成果也日见丰硕。

毋庸置疑，从思维到行为、从态度到立场，专业记者常规的社会实践无不受到来自其社会化过程以及职业谱系基因（包括家庭出身、年龄性别、教育背景、文化修养、生活阅历等个体层面上带有意识形态因子）的影响，也难免其供职的媒体特性、不同的消息来源、所在国家的历史传统、社会/政治制度以及媒体与受众的关系等对记者世界观的映射。表面看来在新闻叙事方式和意义生产方面的表达自由，事实上也自然而然受到社会心理框架的制约而难免带有一定的主观性。记者个体的自主意识、伦理道德顺从和身份认同，也都离不开与社会政治经济秩序及文化想象建构的互动博弈，其结果则往往是动态的、非确定性的。因此，在信息与传播新技术（ICTs）大发展的时代，相当于一味抗拒或一味迎合人人都成为记者的可能性，认识当代中国记者群体身份特征的意义，无疑有助于从社会学层面更加深入和全面地理解当今记者职业的新属性、新实践和新的影响力。

在历史进程中，记者职业从兴起到发展与变化的主要推动力，既离不开新闻主体的自身实践与话语建构，也离不开新闻场域与社会其他场域之间的博弈。基于数理统计的意义，通过记者个体层面累积起来的数据样本，来完成对记者职业群体的考察，将可以为促进新闻社会学的其中一种研究内容——新闻与社会之间的相互作用——提供一个较为合适的学术研究基点。而长期化、机制化的社会学调查方法或更能够有助于从记者个体本身出发，宏观理解相关动态变化的根源与动因，本书的逻辑起点也正是基于这一学理认知。

记者的生存及其职业的发展离不开与时代和社会的密切互动，特定的政治文明进程、时代风尚以及社会语境对新闻话语生产的影响也不尽相同。对于中国记者而言，无论是当今的媒体组织架构，还是记者群体的社会分层，或是其职业满意度与感知到的职业压力，无不与政治、经济、社会、文化和技术等方面的作用力有所关联。诸如政治正确、舆论导向、市场驱动、媒体竞争、人事制度变迁以及信息与传播新技术的高速发展等因素，在形塑记者职业的同时，也不断受到来自记者群体及其新闻实践的反制与挑战。

中国记者群体当前面临的职业压力大、自我效能感低、技术环境变革、"离职潮"等问题，实际上都是中国新闻媒体机构近年来经历的发展进程所带来的挑战。新中国成立至今不足七十载，中国记者已经历了事业体制、市场化体制、产业化、集团化等管理层面的改革。而今，融媒成为大势所趋，传播关系与媒体竞争出现巨大变化：草根记者、公民新闻、参与式新闻以及外国新闻媒体的实践，既对中国记者的社会实践带来了挑战，但同时也激发了记者个体对提升技能素养的追求；与此同时，网络数字技术几乎渗透到整个新闻内容生产的全过程，从根本上改变了新闻从采集到发布的整个传播流程。

透过传媒事业和体制的演进，中国改革开放以来信息权力格局的变化可见一斑。而身处当代社会政治话语和政治实践符号变革时代的中国记者，不仅关注、见证了国家的经济腾飞和在国际社会中地位的提升，也深切感受到所从事的新闻传播活动因之受到的影响（尤其是诸如传媒业的相关硬件设施升级、组织机构急速扩张、各级媒体海内外新闻站点纷纷建立等等）。与此同时，伴随着中国社会的不断开放，公民整体的信息需求大幅提升，加之最近廿余年的网络数字技术的迅猛发展，非专业记者的话语权一而再、再而三地蚕食专业记者的生存空间、挑战专业记者原有的新闻报道垄断权，并逐渐形成融媒语境中话语权力格局的一个重要变量，以至于中国社会各界出现了对"两个舆论场"表述的认同。

纸质媒体和电子媒体凭借其传统的象征性权力与强势话语地位，曾是带动记者职业化的重要力量，也是新闻实践创新的行为主体之一；改革开放以来，曾长期垄断新闻报道权的记者群体，一直以舆论监督的名义，在维护社会正义，促进社会变革等方面发挥了重大作用。然而，在网络和信息自由逐渐释放的过程中，随着市场竞争日益激烈，传统媒体和记者群体在既有的话语权力格局中的特权逐渐弱化，多元传播主体之间的博弈成为常态。

全球传媒生态的种种深刻变革直接传导到记者个体，形成了截稿压力倍增、绩效考核优先等诸多职业挑战，非但专业记者对自己社会角色的认知从"无冕之王"急速滑跌至"新闻民工"，公众对新闻记者的形象认知也发生了扭转。如今，社会对于专业记者的认知常常出现两种极端：或者是被公众视作观念或舆论的制造者，其拥有的社会资本和权力被历史性地放大；或者是被舆论极度地戏谑贬低成为社会防范的对象（例如"防火防盗防记者"之说）。

当然，现今记者群体遭遇的问题，与新闻职业道德建设与实践也不无关系，传媒行业内部的规范建设和社会监督机制的建立，成为维护记者群体新闻生产秩序的内部和外部条件。新闻道德话语的社会性建构过程中，在针对有偿新闻、有偿不闻、新闻侵权之类的抨击涌现的同时，阻挠记者报道，威胁、侵犯记者人身安全的现象也时有发生。一些关乎记者身份合法性的相关讨论，例如记者的采访活动是否应该持有记者证、非国家级媒体有无跨越地域采访报道的权利等情况，则折射出记者群体专业身份的社会性动态变化甚或某种尴尬的境遇。

对于记者职业的合法性问题的讨论由来已久，若想在当今中国社会脉络中厘清这一合法性与相关联的公信力、可信度、权威性等关键词之间的勾连，也并非易事。随着社会各个场域与新闻场域博弈关系的日益复杂，传媒生态中的竞争不断加剧，社会系统中的社群文化也更加多元。与此同时，作为记者职业边界的新闻话语生产，通过规范性的定义得以维护，尊重新闻传播规律、倡导记者社会责任、弘扬主旋律、传播正能量等成为主流媒体的方向，并以创新思维来激励传统媒体与新兴媒体的融合发展，所有这些努力实际上都指向了当代中国新闻内容生产的一个基本命题——对记者的人才诉求，尤其是对记者群体精英人才——全媒型、专家型人才的诉求。

多年来，"精英记者"作为职业群体中的主流部分，或多或少地被作为敏感话题而刻意规避，直到2015年底国家顶层提出了明确要求，希望新闻从业人员，"努力成为名记者、名编辑、名评论员"[1]，话语禁忌似乎至此才被破除。事实上，中国新闻（实践）史上曾出现过许多名记者，其人其事至今仍为后辈称道。按照国内外新闻学界的判定，名记者通常占到记者群体总人数的5%。因此，依据权威机构发布的数据，截至2016年年底，中国（大陆）持有有效记者证的新闻从业人员共有223925名[2]。照此比例推断，当代中国名记者的数量至少应当在1.1万人左右。现今中国记者群体中，精英人才亦的确为数不少（虽然举国闻名的屈指可数），他们所体现的新闻价值观及其在同行中的影响力显而易见，今后的相关研究完全可以将其纳入专题视野。

然而，中国记者职业群体未来的发展趋势究竟如何？值得新闻学界和业界思考的问题或还有一些，诸如新兴媒体勃兴时代，传统媒体遭遇的挑战，是否意味着专业记者的逐渐边缘化甚或是记者职业的式微？在"人人都可以成为记者"的当下，新闻内容分享的免费方式或是付费方式，对于专业记者的社会实践造成何种影响？调查记者的工作方法与私家侦探的根本区别何在？维基解密之类的现象属于新闻实践范畴与否？记者群体自身是否需要祛除职业带来的话语权自恋？主流媒体的记者的功用是否仅仅限于官方的代言人，而一俟遇到新闻失真/失实辄遂将责任推给权力部门？等等。

回答记者群体在新闻实践中不可忽略也无法回避的这些问题，首先需要从新闻传播规律出发，因为这些问题已经持续、反复地出现/隐藏于新闻传播活动的发展进程之中，暗示着新闻实践本体的某种包括两个方面的动态变化：

---

① 习近平视察《解放军报》社时的讲话，新华网，2015年12月26日。
② 见《中国新闻事业发展报告2016》，中国记协网，2017年6月1日。

其一关乎新闻主体的实践，即在特定时空中新闻业内外行动主体之间的互动、交流和博弈，新闻实践的标准、技能和经验因此不断发生变化，记者群体在社会环境、技术环境中的定位，也在相应的变化过程中更新定义，并不断接受挑战；其二关乎针对新闻实践而产生的话语，即围绕处于某一时空中的新闻业而形成的反思、批判、颂扬与倡导，其中既有对新闻职业伦理道德的考量，有记者关于本身的职业意识、自我身份建构的叙事，有对新闻业整体的宏观描述或一种共享的特性（如文化性实践、阐释的共同体、政治性/社会性机构、半自主的场域等），也有对新闻理念模式的建构（如专业主义追求、调查性新闻报道理念等），有对新闻业的某一偏倚的反思（如煽情性、娱乐化、技术意识形态、精英主义导向、负面报道传统、刻板印象等），再有针对某一媒介的特定批判或整体性批判（如媒介权力、传媒主宰 Mediacracy① 等），有针对"新型"新闻模式的探索（如网生新闻、另类新闻、少数族裔媒体等），还有从不同视角考察新闻业的努力（如超在地新闻②、传播全球化、国际新闻的结构、欧洲视听传媒双轨制运行等）。而记者群体永远处于这一切变化的漩涡之中。

其次，伴随着媒介技术的不断创新，某种传播媒介样态消亡之说以及技术至上主义的言论再度回潮，尤其是当下数字传播（Digital Communication）的膨胀，数据新闻报道、新闻机器人撰稿、无人机新闻采集等新理念、新技术层出不穷，记者职业身份的重新定位也直接到新闻传播业的持续发展和后继动力。

最后，记者群体的职业未来畅想曲离不开下列音符：

---

① 传媒主宰（Mediacracy），也称传媒专政，亦称"媒主""媒僚"，指媒体与政治的关系，一如"技术官僚"（Technocracy）或"否决政治"（Vetocracy），尤指传媒在社会生活中的权力——传媒的政治权力及其对社会的影响力，亦指某些利益集团利用媒体凌驾政治、绑架政治、危害西方社会民主生活的一种现象。

② 超在地新闻（Hyperlocal News），亦称超接近性新闻或微局部新闻，指在传播全球化语境中，媒体或网民对贴近自己身边发生的新闻之报道，可以被简单地定义为基于极为有限地理范围内的新闻报道，它具有鲜明的网生特质、社群导向，以满足公民日益增长的对超接近性新闻价值的诉求，在促进公民参与方面具有重要的政治意涵。参见 Metzgar 等人对超在地新闻所做的定义。Metzgar, E. T., Kurpius, D. D., & Rowley, K. M. (2011). Defining hyperlocal media: Proposing a framework for discussion. New media & Society, 13 (5), 772-787.

1. 新兴媒体技术的诞生与发展。每一种新兴媒介的诞生都会带来乐观的或悲观的论调。新兴技术对新闻实践既有可能带来促进和推动，也可能会带来扭曲和阻碍的后果。不过，相对于在正反两种后果之间的摇摆或生发夸大的结论而言，谨慎的学术观察思考与数据积累分析，是冷静判断趋势的必要前提。例如，当下有关互联网传播去中心化、去边界的传播特性对本土新闻业以及记者新闻实践带来的影响（内容、结构、制度等）的争论，正在一些国家和地区持续发酵（如中国两个舆论场的现实、欧洲国家的媒体与谷歌之间的抗衡等）；再如中外新闻业界对于数字传播的应用，既冲击了记者新闻生产的传统方式，也引发了对记者新闻报道伦理的新探讨。

2. 对人类社会新问题的思考。伴随着全球物质、信息、能量与人口等交互流动的日益密集，新型的社会问题随之出现。无论是新闻报道对争议性问题、对少数族裔的呈现，还是记者群体在不断模糊的地理边界中考量新闻与主权之间的关系，以及对生产型消费者（Prosumer）介入、参与新闻内容生产的关注，无不隐含着记者在全球化/反全球化、多元主义/保守主义的博弈中如何保持自我的问题。

3. 借鉴新闻传播学研究成果。关于新闻传播活动系统的理论建树至少可以上溯至 18 世纪时期，而针对媒体的实证主义导向的研究则肇始于 19 世纪末期（例如当时针对美国小报的实证研究，以及后来在 20 世纪初，德国学者马克斯·韦伯率先提出对报刊进行社会调查的呼吁等）。新闻传播学研究一如记者群体的新闻实践，一直具有强大的包容性、跨界性和多样性，吸收了来自政治学、哲学、社会学、法学、心理学、人类学、生物学、物理学、数学和计算机科学等领域的经典基础理论、研究路径和研究方法，进而不断尝试建构新闻传播学领域的认知框架和研究范式。然而时至今日，如同世界各地多元的新闻体制和新闻实践，各国新闻传播学界依然缺乏对某些概念以及研究方式的基本共识。不过，也正是因为差异的存在，使得记者研究领域一直保持着开放的对话空间和发展动力，同时，也使得对记者群体的社会功能的思考变得更为活跃。

4. 对记者群体研究机制化及延续性的期待。在当今的媒体融合时代，不少新闻机构都存在这方面的诉求，希望学界能够为媒体发展战略规划提供关于记者配置、群体结构、新兴媒体人才储备等方面的智力服务。但这些诉求往往具有较强的急迫感与时效性。事实上，对于新闻业界而言，以历时性的数据作为支撑的学术见解和建议，才具有真正可资借鉴的价值。

上述思考路径也许没有直接回答中国记者职业的未来发展趋势，但却为相关研判提供了逻辑依据。

以社会学为观照的切入点，结合已有的经验性调查以及概念建构的尝试，为当今媒体融合语境中的中国记者群体及其职业生态、新闻话语生产等勾勒出一个大致轮廓的努力本身，也可以被视为一种具有时空属性的关于新闻的元话语过程。

随着时代车轮不断向前推进，无论是从传媒与社会其他系统之间的相互作用来看，还是从新闻与政治、与文化、与社会之间的博弈关系来看，记者群体的身份认同都将是信息传播活动中不可或缺的核心问题，对其的解答也将始终具有现实性和必要性。

跋

　　本书写作的缘起是作者之一的刘昶主持的教育部人文社科基地的重点课题"中国广播电视人才培养战略研究——以媒介融合为背景"，要完成这一指向性十分明确的科研项目，首先应该对当今中国广播电视记者群体有一透彻的了解。为此，专门设计了一项子课题——针对中国广播电视记者的调查，通过问卷获得的丰富而准确的数据首次清晰地描绘了中国（内地）记者群体的职业轮廓，具有较高的学术意义和实践指导意义，其成果即为公开发表并出版的《全国广播电视新闻从业者调查报告》（这也成为本书大量引用其中数据的缘由）。

　　然而，调查报告毕竟只是按照问卷的顺序逐一展开的对数据的详尽呈现与理性分析，为学界研究和业界实践提供了可资思考的路径。如果有意全面地认识中国记者群体的职业发展与现状，尤其是打算从社会学的角度进行观照的话，就需要跳出问卷的次序，在原始数据及其分析的基础上，进行更深一步的挖掘、梳理和阐释。

　　本书遗憾之处在于社会学的理论分析尚欠丰腴，某些论述有待进一步展开。

　　作者下一阶段的研究愿景有二：针对中国的通讯社、报刊和网媒的记者，继续进行类似的课题，以获得完整的中国记者群体描述，同时亦为国际比较研究提供参照，此其一；开展历时性研究，每隔一定的时间段重复同类研究，从比较中发现中国记者群体变化的规律，以期对新闻传播学界和业界的人才培养和使用提供具有建设性的智力服务。

　　本书的写作得到了中国广播影视出版社资深编辑李晓霖女士的鼓励、支持和鞭策，"中国广播电视人才培养战略研究——以媒介融合为背景"课题组成员张富鼎、王哲、郑嘉伟等，对本书写作也有贡献，在此一并致以真挚的谢忱。

作者　谨识